# 최신 IFS
# 부부치료 매뉴얼

온전한 친밀감 회복으로 관계 치유하기

Σ 시그마프레스

# 최 신 I F S 부부치료 매 뉴 얼

온전한 친밀감 회복으로 관계 치유하기

토니 허바인-블랭크, 마사 스위지 지음

이진선, 이혜옥 옮김

Σ 시그마프레스

# 최신 **IFS** 부부치료 매뉴얼 :
## 온전한 친밀감 회복으로 관계 치유하기

발행일 | 2022년 3월 10일 1쇄 발행

지은이 | Toni Herbine-Blank, Martha Sweezy
옮긴이 | 이진선, 이혜옥
발행인 | 강학경
발행처 | ㈜시그마프레스
디자인 | 김은경, 이상화, 우주연
편   집 | 이호선, 김은실, 윤원진
마케팅 | 문정현, 송치헌, 김인수, 김미래, 김성옥

등록번호 | 제10-2642호
주소 | 서울특별시 영등포구 양평로 22길 21 선유도코오롱디지털타워 A401~402호
전자우편 | sigma@spress.co.kr
홈페이지 | http://www.sigmapress.co.kr
전화 | (02)323-4845, (02)2062-5184~8
팩스 | (02)323-4197

ISBN | 979-11-6226-380-8

## Internal Family Systems Couple Therapy Skills Manual

＊ 책값은 책 뒤표지에 있습니다.

# 역자 서문

우리나라의 이혼 건수는 2020년 기준 10만 7천 건으로, 지난 10년간 조이혼율(인구 1천 명당 이혼 건수) 2.1~2.3을 꾸준히 보이고 있다. 이 중에서 협의 이혼이 8만 4천 건으로 전체 이혼의 78.5%를 차지한다.

예전에는 결혼생활 4년 미만의 이혼율이 27%, 20년 이상의 이혼율이 24%로 전체 이혼율의 반 이상을 두 그룹이 차지했으나, 최근에는 크게 역전되었다. 20년 이상의 이혼율이 37%, 30년 이상의 이혼율이 16%로, 전체 이혼율의 반 이상을 소위 황혼이혼이 차지한 것이다.

이혼에 이르는 부부의 갈등 요인은 부부가 처한 상황과 환경마다 차이를 보이지만, 대체로 (1) 배우자의 부정, 불신, (2) 경제적 문제, 자녀 문제, (3) 배우자의 폭력, 학대, 부당한 대우, 생활습관, (4) 본인 및 배우자의 원가족과의 미분화 문제의 영역으로 구분할 수 있다.

이처럼 다양한 부부 갈등 요인에도 불구하고 공통적으로 나타나는 현상은 원천적으로 내재해 있던 (원가족으로부터 유래한) 각 파트너의 내면시스템 부조화와 욕구가 서로에 대한 이해와 수용을 가로막고 있을뿐더러, 역기능적 의사소통이 갈등과 관계 단절로 확대되고 있다는 것이다.

IFS 부부치료는 이 같은 부부갈등의 핵심 요인에 다음과 같은 치료적 개입을 시도한다. 각 파트너의 내면시스템 역동을 분석하면서, 원가족 시절부터 내재해 있던 추방자와 그를 둘러싼 욕구를 알아가고, 부부 각자가 자신을 보호하기 위해 상대방을 공격하는 상황을 이해시키며, 각 파트너와의 개인 작업을 통해, 각자의 참자아에 의한 내면시스템 회복을 꾀한다. 이 과정에서 상대방은 목격자로서 파트너의 내면 회복 과정을 목격하면서, 그리고 상대방의 입장이 되어보는 작업을 통해, 관계 단절의 근원이 되는 서로의 내면 역동을 충분히 이해하도록 만든다. 여기에 관계적 욕구에 대한 새로운 의사소통 방식을 학습시킴으로써 궁극적으로 부부 관계를 회복시킨다.

IFS 부부치료 기법을 숙달하기 위해서는 기본적으로 IFS 개인 작업을 능숙하게 할 수 있어야 하며, 여기에 더하여 관계적 욕구에 대한 의사소통 기법에 익숙해질 필요가 있다. 아울러 부부 관계의 회복은 정서적 차원뿐만 아니라 영적 차원의 도움이 필요하다. IFS 부부치료는 개인의 내면시스템을 넘어서, 부부라는 더 큰 시스템의 전인적 치유를 지향하고 있기 때문이다. 임상 현장에서의 오랜 경험을 통하여 IFS 부부치료 프로세스가 보다 더 효과적이며 성공을 가져다준다는 확신이 있기에 강력히 이 책을 추천한다.

한국가정회복연구소 이진선 · 이혜옥

ifscenter.ewebstory.com

# 차례

## SECTION 3  IFIO의 관계 신경생물학

## SECTION 4  치료사의 어려움

## SECTION 5 경험 연습: 재연, 각본 다시 쓰기 및 복구

# 서론

토니 허바인 블랭크는 개인, 부부, 가족, 커뮤니티, 조직에 사용되는 치료방법인 IFS(내면가족
시스템) 치료의 한 분야로 부부치료법인 IFIO(온전한 친밀감 회복)를 개발하였다. 친밀한 관계
는 필연적으로 고통스러운 딜레마를 야기하고 파트너들로 하여금 차이점들을 찾아가도록 요구
한다. 그들이 분화되어 프로세스 중에 연결 상태를 유지하지 못한다면, 그들은 댄 시걸이 썼듯
이, 결국 정서적 혼란이나 경직을 경험하게 된다(2007). IFIO는 파트너들이 분화되어, 그들의 강
점에 접근함으로써 연결 상태를 유지할 수 있도록 디자인되었다(Herbine-Blank, Kerpelman, &
Sweezy, 2016). 우리가 능숙하게 말하고 경청할 때, 우리는 우리의 관계를 심화시키고 변화시킨
다. IFIO에서는 파트너가 정중하게 이견을 제시하고, 용기 있게 소통하며, 가슴으로부터 사과하
고, 거리낌없이 용서하며, 연결 상태를 유지하는 것을 목표로 한다. 사랑의 연결은 지속적인 웰
빙으로 이어진다.

    이 책은 독자들에게 서술적이고 경험적으로 IFIO의 흐름을 안내하며, 대인관계 의사소통 기
법을 깊은 정신 내적 탐구와 함께 엮어 나간다. 이 책은 치료사와 부부가 갈등 패턴에 효과적으
로 개입하고, 보호적인 파워 싸움으로부터 공격이나 침묵이 없는 상처받기 쉬운 대화로 나아가
며, 자신과 타인을 이해하기 위해 분리하기(unblending)라 불리는 필수적인 IFS 기법을 활용하도
록 안내한다.

    첫 번째 섹션에서는 IFIO의 개념적 기초에 대해 소개한다. 여기에는 우리 모두가 우리의 관점
과 행동에 영향을 미치는 동기를 품고 있는 능동적인 소인격체들(혹은 부분들)을 가지고 있다는
생각과 함께 쉽게 접근할 수 있는 다음의 두 가지 중요한 스킬이 포함되어 있다. 즉, (1) 부분들과
관계를 맺기 위해 부분들을 분화시키기(혹은 분리하기), 그리고 (2) 반응하는 순간에 부분들을

돕기 위해 내면으로 들어가기(유-턴 하기)가 그것이다. 또한, 자율반응성 패턴이 어떻게 부부 관계 역동의 핵심에 있는 강박적 행동의 기저를 이루고 있는지 설명한다.

두 번째 섹션에서는 IFIO 치료의 각 단계에서 내담자들과 함께 사용하기 위한 단계별 기법, 사례 및 연습을 제공한다. 제1단계는 부부와 연결하고, 관계 역동을 평가하며, 그들에게 IFIO를 소개하고, 보호적인 부분들과 친해지기 시작한다. 제2단계는 갈등 패턴을 추적하고 파트너들이 부분을 분리시켜, 그들이 부분들을 대변하고 가슴으로부터 귀를 기울일 수 있도록 돕는다. 우리는 부부가 차이점에 대한 불가피성(그리고 용인 가능성)을 충분히 이해하여, 그들이 서로 편안하게 분화하고, 연결을 유지하며, 오랫동안 가능하지 않았던 방식으로 대화하는 연습을 할 수 있도록 하는 것을 목표로 한다. 제3단계는 그들이 사과와 용서의 의미를 탐구하도록 돕고, 그들에게 그 두 가지에 관여할 수 있는 기회를 주며, 그들의 관계보다 우선하여, 정서적인 상처를 치유하는 데 서로를 지지할 수 있도록 무대를 마련한다.

세 번째 섹션에서는 자율반응성의 패턴이 어떻게 부부 관계 역동의 핵심에 있는 강박적 행동의 기저를 이루고 있는지를 설명하며 이러한 현상을 부부들과 논의하는 방법을 보여준다.

마지막으로, 이 책의 네 번째 섹션은 부부 치료사들이 직면하는 몇 가지 공통적인 어려움을 설명하고, 다섯 번째 섹션은 경험적 연습을 추가로 제공하여, 파트너들이 대립하는 대화를 고쳐 쓰고 복구할 수 있도록 한다.

IFIO 접근방식은 경험적으로 가장 잘 파악할 수 있기 때문에, 치료사들은 이 방법을 내담자에게 사용하기 전에 개인적으로 시도해볼 것을 권한다. 파트너, 친구, 동료 또는 대안으로 당신의 양극화된 부분들에게 마음의 눈으로, 혹은 아는 누군가에게, 혹은 감당할 수 있는 부부에게 이 방법을 사용해볼 수 있다.

---

* 이 책의 영문 워크시트 및 유인물은 www.pesi.com/IFIO에서 내려받을 수 있다.

# 기본 개념

## 부분들

IFIO(Intimacy from the Inside Out, 온전한 친밀감 회복)는 리처드 C. 슈워츠가 개발한 치료법인 IFS(Internal Family Systems, 내면가족시스템)의 개념적 기반 위에 세워졌다. 그는 정신적 다중성(psychic multiplicity)이 정상 상태임을 지지하며 다원적인 마음(plural mind)을 가르친다. IFS는 가족치료의 시스템 사고를 개인, 부부 및 집단 치료에 적용한다. IFS의 기본 전제는, 우리 모두는 슈워츠가 **부분들**(parts)이라고 부르는 것을 가지고 있다는 것이다. 이것은 다음과 같은 평범한 생각에서 알 수 있다. "나의 한 부분은 파티에 가고 싶어하는데, 다른 한 부분은 집에 있고 싶다." 부분들은 그들만의 성격, 기질, 그리고 감정의 전 영역을 가지고, 전 생애에 걸쳐 발달단계의 순서대로 출현한다. 우리는 우리 부분들의 감정, 생각, 감각을 감지할 수 있고, 우리 부분들과 대화할 수 있다. 우리가 그들의 동기를 물어본다면, 그들은 일반적으로 이렇게 대답한다: 부분들의 행동과는 무관하게, 가장 중요한 것은 부분들이 우리를 위해서 우리가 원하는 것, 즉 연결, 확인, 사랑을 원한다.

사람들처럼, 부분들은 내면 공동체 안에 살고 있으며, 동맹을 형성하고, 갈등을 겪기도 한다. 이 공동체의 가장 취약한 구성원들이 두려움, 사랑받지 못함, 혹은 수치감을 느낄 때, 다른 부분들이 보호적인 역할을 떠맡아 두 가지 일, 즉 상처받은 부분(**추방자**)을 의식에서 추방하고 상처가 다시는 발생하지 않도록 열심히 노력한다.

우리는 사전 예방적 보호자를 관리자, 사후 반응적 보호자를 **소방관**이라 부른다. 관리자는 사회적 연결을 유지하는 데 초점을 맞추고, 약점이나 나쁜 점과 연관된 특성을 감추는 것을 목표로 하는 부분들이다. 그들의 주요 도구는 억제(inhibition)이며, 수많은 형태로 나타난다. 여기에는 해리(dissociation)나 부정(denial)과 같은 정신적 고통의 증상, 자기를 향한 비판, 경고 또는 위협, 그리고 가능성에 대한 암울한 시각이 포함된다. 정서적인 고통에서 벗어나고자 사후 반응적인 보호자들은 이 모든 억제에 반항(rebellion)과 탈억제(disinhibition)로 반응한다. 그들의 전략이 금세 효과가 있기만 한다면, 이 부분들은 결과에 신경 쓰지 않는다. 흔히 사용하는 소방관 옵션에는 약물 사용, 섭식장애, 음란물 시청, 난잡한 성생활 및 주의력을 쉽게 산만케 하는 고도의 위험, 고도의 몰입 행동이 포함된다. 비록 어떤 부분들은 억제하고 어떤 부분들은 탈억제하지만, 모든 보호자들은 정서적인 고통을 인식하지 못하게 하는 것을 목표로 하고 있으며, 취약한 부분들을 추방하는 것이 그들의 공포와 고통을 증가시킨다는 것을 이해하지 못한다. 추방된 부분들이 공포에 질려 인식 영역으로 뚫고 들어오려 할 때, 보호자들은 더욱 완강하게 그들을 차단한다. 이 반복적이며 소모적인 역동은 엄청난 정신 및 정서 에너지를 빼앗아간다.

삶이 억제와 탈억제 사이를 오가는 탁구 시합일 필요는 없다. 부분들 외에도, 우리 모두는 긍휼, 넓은 인식, 지혜의 타고난 샘(의식의 자리)을 가지고 있으나 대부분의 내담자가 잘 알지 못하고 있다. 참자아가 그것이다. 온전히 안전하고 안정적인 애착을 빚기 위해, IFIO 부부치료에서 파트너들은 보호적인 부분들을 분리하고 그들의 참자아에 접근하여, 개인적이고 관계적인 상처를 치유할 수 있도록 연습한다. 어떤 사람들은 체현된 참자아를 내면의 너른 상태와 평온함으로 경험한다. 많은 사람들은 참자아를 흔치 않은 조심성, 몸을 관통하여 흐르는 찌릿한 에너지, 그리고 열린 가슴의 느낌으로 묘사한다. 이 현상을 이해하는 가장 좋은 방법은 경험적으로 이해하는 것이다. 참자아에 대한 설명과 우리가 제공하는 연습을 통해 참자아에 접근해 보기 위해서는 계속해서 읽도록 한다.

## 부분들의 성격

부분들은 일반적으로:

- 발달 단계의 순서대로 나타난다.
- 부분들의 내면 시스템에 속하고, 부분들의 하위 시스템을 포함한다. 이것은 다시 부분들의 하위 시스템을 포함하며, 끝없이 반복된다.
- 그들의 공동체 안에서 감정, 생각, 의견 및 역할을 갖고 있다.
- 관심, 은사, 재능 및 기술을 갖고 있다.

- 우리를 위해 긍정적인 의도를 갖고 있다.

부분들의 '상태':
- 어떤 부분들은 그들이 어떻다는 이유(예를 들어, 취약하다는 이유)로 거부당하고, 추방된 상태로 살아간다.

부분들의 '역할':
- 이 부분들은 보호적인 역할을 떠맡고, 안전하고자 하는 노력에서 취약한 부분들을 추방한다.
  - 사전 예방적 보호자는 선제적으로 정서적 고통을 피한다. 그들의 스타일은 억제적이고, 관리적이며, 사회적으로 수용적이다.
  - 사후 반응적 보호자는 반응적으로 정서적 고통으로부터 주의를 분산시킨다. 그들의 스타일은 탈억제적이고, 충동적이며, 사회적으로 도전적이다.

## 분리시키기

IFS 치료사는 부분들이 참자아로부터 분화(분리)되도록 도와준다. IFIO 부부치료사는 파트너들이 서로 분화되도록 돕고, 부분들이 참자아로부터 분화되도록 돕는다. 분화 혹은 분리되는 경험은 마치 꼭 필요한 멀리보기 안경을 끼는 것과 같다. 부분이 분리될 때, 우리는 갑자기 더 멀리, 훨씬 더 명확하게 볼 수 있다. 우리는 두 부분 이상과 두 사람 이상의 관점을 볼 수 있다. 우리는 패턴과 옵션들을 볼 수 있다.

IFIO에서 우리는 특히 부부들이 그들의 보호 패턴(보호적인 부분들의 방어 전략)과 취약성이 어떻게 뗄 수 없는 관계인지를 충분히 이해하기 원한다. 모든 보호자, 그리고 보호자들 간의 모든 갈등 아래에서 우리는 추방된 정서적 고통을 발견한다. 보호자들은 이 고통을 드러내고 싶어 하지 않는다. 사실 고통을 드러내지 않는 것이 보호자들의 임무다. 그러나 호기심을 가짐으로써, 우리는 부분들을 달래어, 보다 더 소통하도록 만들고, 부분들의 동기를 존중함으로써 우리는 부분들이 우리를 진지하게 받아들일 수 있도록 하고, 친절하게 대함으로써, 우리는 부분들을 보다 더 가까이 소환할 수 있다. 호기심, 확인, 친절 및 부분들이 야기했을 수도 있는 어떤 피해에 대한 용서는, 보호적인 부분들이 분리되어 부분들의 염려와 두려움에 대해 직접 소통할 수 있도록 용기를 불어넣어 줌으로써, 우리는 부분들을 도울 수 있게 된다.

부분들을 찾기 위해서, 우리는 먼저 몸에 주의를 기울이고, 내면으로 들어가, 감각, 감정, 생각을 감지한다. 주의를 기울이는 것은 우리의 전화 카드라 할 수 있다. 표적을 골라 그것에 집중함으로써 우리는 그 부분이 우리에게 주목할 수 있도록 초대한다. 이것이 관계의 시작이다. 관리자들은 억제적이기 때문에 그들은 종종 관절, 횡격막, 목구멍, 턱, 어깨 및 등을 비롯한 아랫부분에서 나타난다. 내분비계와 신경계를 활성화시키는 소방관들은 심박수 증가, 빠른 호흡, 동공확대 같은, 싸울 것이냐 도망갈 것이냐의 반응에서 찾아볼 수 있다. 한편, 추방자들은 종종 심장, 내장 또는 등 주위에 있다(Schwartz & Sweezy, 2019). 어떤 부분이 신체 어디서 어떻게 나타나는지 감지한 후에, 우리는 그 부분을 알아가기 위해 허락을 구한다. 때로는 다른 부분들이 이의를 제기하기도 한다. 특히 그들이 표적 부분을 두려워하는 경우에 그렇다. 예를 들어, 어떤 부분들은 다른 사람들에게 폭발적으로 화를 내거나, 속으로 가혹하게 비판한다. 이 매뉴얼 전체를 통해, 이 같은 경우의 진행 옵션을 예시한다.

그러나 계속 진행해도 괜찮은 경우, 우리는 표적 부분(및 다른 모든 부분들)이 분리되도록 돕는 것으로 인터뷰를 시작하여 내담자의 참자아가 체현될 수 있도록 한다. 만약 어떤 부분이 아직 분리될 준비가 되지 않았다면, 한 가지 방법은, 그 부분과 대화하며 내담자는 경청하도록 진행하는 것이다. 우리는 또한 어떤 부분이 완전히 체현되도록 하여, 그 부분이 어떤 것을 느끼는지, 혹은 어떤 것을 하기 원하는지 보여 달라고 요청할 수도 있다. 치료 초기에 보호자들과 인터뷰하면서, 우리는 보호자들이 일을 적게 할수록 그들이 바라는 것을 더 많이 얻을 수 있다는 사실을 알려준다. 부부에게, 보호자들은 연약한 어린 아이들을 구하는 임무를 맡고 있는 충성스러운 군인들과 같다고 이야기해 준다. 우리는 파트너들이 그들의 행동을 과거사의 맥락에서 보고 서로를 향하여 누그러지라고 한다. 우리는 그들의 보호자들도 누그러지라고 한다.

어떤 사람들은 쉽게 치료사를 믿고 분리하기를 시도하는 반면, 어떤 사람들은 안심을 많이 시켜주어야 할 수도 있다. 두 파트너의 보호자들에게 흔히 (1) 보호자들에게 분리되라고 요청하는 것은 그들을 거부하거나 침묵시키려는 시도가 아니며, (2) 치료사는 두 파트너 모두 그들의 추방자들을 돌볼 힘과 지혜가 있다고 믿고 있고, (3) 치료사는 심지어 극단적인 반응의 순간에서도 항상 두 파트너 모두를 지원하겠다는 사실을 알려준다. 우리는 그들에게 자신들의 우려를 표명할 기회를 줌으로써 이 점들에 대해 안심시킨다. 만약 어떤 부분이 분리되지 않으려 한다면, 우리는 그 부분의 두려움을 철저히 다루어 준비가 되었을 때에만 진행한다. 앞으로 나올 예제를 통해 보여줄 다음의 세 가지 질문은 분리하기에 대한 보호자의 염려를 끌어낸다.

1. 내담자에게 : "당신의 어떤 한 부분이라도 우리가 표적 부분에 주의를 기울이는 것을 반대하나요?"

2. 보호적인 부분에게 직접 : "당신은 누그러져서 조금만 분리될 의향이 있나요? 당신이 원한
   다면 언제든지 지금의 상태로 돌아올 수 있어요."

3. 보호자가 분리되었을 때 내담자에게 : "[표적 부분]을 향하여 어떤 느낌이 드세요?"

## 관계에서의 투사

보호자들은 그들 마음대로 행동할 수 있는 무기를 가지고 있다. 그들은 자신들의 목표를 달성하기 위해 우리의 몸, 감정, 인식, 행동을 사용한다. 프로이트가 **투사**(projection)라고 불렀던 이러한 행동 중 하나는 관계에서 특히 중요하다. 투사는 정서적인 고통을 부인하거나 주의력을 분산시키는 것에서 더 나아가 내부 프로세스를 외부 관계로 확장하는 것이다. 투사 프로세스에서 사람 A의 보호자는 사람 B가 사실상 사람 A의 또 다른 부분(의절되어 있는 추방자 혹은 또 다른 보호자)의 특징인 속성을 보여주고 있다고 비판한다. 보호자들은 무엇이든 투사할 수 있다. 그것은 두려움이나 분노와 같은 강렬하게 부정적인 감정, 순수함과 같은 상처받기 쉬운 상태, 판단과 같은 억제적인 행동, 물러나거나 갈등 회피 같은 억제된 행동, 과음이나 애타게 파트너를 쫓아다니는 것과 같은 탈억제된 행동일 수도 있다. 투사가 사람 B에게 정확할 수도 있고 그렇지 않을 수도 있지만, 사람 A의 어떤 부분에게는 항상 정확하다. 모든 보호 조치와 마찬가지로 투사는 취약성을 관리하는 한 방법이다.

비록 투사가 많은 대인 갈등의 중심에 있지만, 부부들은 그 개념에 저항하는 경향이 있다. 따라서 그들의 투사를 경험적으로 거두어들일 수 있도록 도와주는 것이 가장 효과적이다. 우리는 슈워츠가 유–턴(Schwartz & Sweezy, 2019)이라고 이름 지은 기법을 중심으로 하여 매우 다양한 연습을 실시한다. 유–턴 연습은 파트너에게 내면에서 갈등 뒤에 있는 추진력을 찾아보라고 요청함으로써 투사를 역전시킨다. 각각의 연습은 파트너들이 내면에 주의를 기울이고, 그들의 부분들이 어떤 느낌이고 어떤 말을 하는지 주목하며, 그들의 동기에 대해 질문하도록 안내한다. 유–턴 연습은 항상 옛 상처(추방자들)와 보호적인 반응을 촉발하는, 오랫동안 품고 있던 안전 관련 신념을 드러낸다. 유–턴을 통해, 각 파트너는, 상대방이 보호적인 반응으로부터 추방된 취약성으로 자신의 감정과 행동을 거슬러 추적해가는 것을 목격할 수 있는 기회를 갖게 된다. 고통스러운 초기 경험과 연결되는 순간, 긍휼의 마음과 공감, 이해로 가득 찬 관계 복귀(relational re-turn)로의 문이 열린다.

## 정서 조절과 유-턴

정서 조절(affect regulation)이란 용어는 강한 정서 상태를 조절하고 현재 내면의 생각과 감정에 인식을 가져오는(stay present) 개인의 능력을 말한다. 이 기술은 부부에게 매우 중요하다. 잠시 멈추고, 유-턴하여, 강렬한 반응으로부터 분리될 수 있는 능력을 가짐으로써, 힘든 대인 상호작용 도중이나 후에 자기 위로와 차분한 연결로 되돌아가기 위한 토대가 마련된다. 부부에게 유-턴은 매우 중요하기 때문에 IFIO 임상가들은 다양한 유-턴 질문을 개발하였다. 이 때문에 이것들을 연습에 포함시키고, 많은 사례를 통해 예시하였다.

---

# 유-턴

- 반응, 생각, 감정 및 감각에 주목한다.
- 반응적인 부분이 내면에서 어떤 일을 하고 어떤 말을 하는지 묻는다.
- 반응적인 파트너에게 다음과 같이 요청한다.
  - 내면으로 들어가 호기심을 갖는다.
  - 부분에게 분리되도록 요청한다.
  - 부분이 누구이며 누구를 보호하고 있는지 묻는다.
  - 경청하고 확인한다.
- 자극적인 무언가를 말하거나 행한 파트너에게도 유-턴을 하라고 요청한다. 유-턴을 통해, 자극하는 말을 하거나 행동을 하기 전에, 내면에서 자신을 위해 무슨 일이 일어나고 있었는지가 드러난다.

---

## 내면 들여다보기 및 직접 접근

IFS에서는 참자아가 나타날 수 있도록 부분들을 분리시킨다. 적어도 어느 정도 분리가 일어나면, 내담자는 참자아 입장에서 부분들과 소통할 수 있게 된다. "이야기한다"보다는 "소통한다"고 이야기한다. 일부 사람들만이 자신의 부분들과 말로 의사소통을 하기 때문이다. 어떤 사람들은 자신의 부분을 보거나 자세나 움직임으로 느낀다. 또 어떤 사람들은 복합적인 방법으로 경험하기도 한다. 의사소통의 형태가 다르다고 해서 차이가 있는 것은 아니다. 내면적으로는 모든 옵션이 가능하기 때문이다. 참자아와 부분 사이에 열려 있는 어떤 채널이라도 된다. 내담자가 부분과 소통할 때 우리는 그것을 내면 들여다보기(in-sight, 통찰력을 뜻하는 insight 단어를 풀어놓은 것임_역주)라고 부른다. 하지만 내담자의 부분들이 분리되지 않으려 하고 그 어떤 내면 소통 채널도 열려있지 않으면, 다른 옵션이 필요하다. **직접 접근**(direct access)이라 불리는 우리의 두 번째 옵션은 치료사가 내담자의 부분들과 직접 이야기하는 것이다. 직접 접근은 부부치료에서 특히 초기에 많이 사용된다.

내면 들여다보기와는 달리, 직접 접근은 말로 해야 한다. 치료사의 참자아가 내담자의 부분과 이야기하는 동안, 내담자의 참자아(아직 참여하라고 초대받지 않았음)는 대화를 엿듣는다. 직접 접근에는 명시적 접근과 암묵적 접근, 두 가지가 있다. 명시적 직접 접근에서는, 치료사가 섞인 부분에 이름을 붙이고, 그 부분에게 직접 말할 수 있도록 허락을 구한다("이 부분은 중요하게 말할 것이 있지만, 아직 당신에게 공간을 내어줄 준비가 되어 있지 않은 것 같네요. 당신이 귀를 기울이는 동안 내가 그 부분에게 이야기하면 어떨까요?"). 직접 접근은 부분에게 자신의 염려 사항에 대해 기꺼이 밝힐 수 있는 기회를 준다. 우리 경험으로, 대부분의 내담자들은 직접 접근을 허락해준다. 그 후 우리는 그 부분과 내담자에 대해 3인칭으로 이야기할 수 있다["당신(부분)은 제인(내담자)을 위해 어떤 일을 하나요? 만약 당신(부분)이 그 일을 중단한다면 제인(내담자)에게 어떤 일이 일어날까 봐 염려하나요?"].

암묵적 직접 접근은 다르다. 여기서 치료사는 섞인 보호자와 그냥 이야기하되, 그 부분에 이름을 붙이지도 않으며, 내담자를 위해 어떤 일을 하느냐고 묻지도 않는다("당신은 지금 정말로 화가 나 있는 것 같네요. 그에 대해 좀 더 이야기해줄 수 있나요?"). 이것은 전통적인 대화 치료처럼 보이지만, 치료사는 자신들이 부분과 이야기하고 있다는 것을 알고 있는 점이 다르다. 암묵적 직접 접근은, 부분이 '부분 언어'(parts language)를 거부하거나 자신이 부분이라는 생각에 반대하는 경우, 시작할 수 있는 좋은 방법이다. IFIO에서는 자주 그리고 빠르게 암묵적 직접 접근을 사용하여 보호자의 감정을 확인하고 도움을 제공한다. 특히 파트너들이 반응과 역반응(counterreaction)의 순환고리에 빠져 자율신경계(ANS)가 활성화되어 있을 때 이러한 방법을 사용한다. 보호자들의 감정을 확인함으로써 보호자들이 진정할 수 있도록 도와주며, 이것은 결국 나머지 내면 시스템이 진정할 수 있도록 도와주게 된다.

아무리 강조해도 지나치지 않는 것은, 보호자들과 파워 싸움을 벌이는 것은 그들이 한 치의 양보도 하지 않으려 한다는 것을 틀림없이 확인해준다는 사실이다. 만약 당신이 극단적인 보호자들이 분리되기 원한다면, 그들과 친해지며 호기심을 유지한다("이 부분에게 더 하고 싶은 말이 있나요?" 또는 "그 부분이 지금 당신이나 내게서 뭔가 필요한가요?"). 게다가 보호자들은 두려움에 의해 동기가 부여되기 때문에, 그들은 치료사가 자신들의 두려움을 듣고 그것들을 다룰 수 있는 합리적인 방법을 가지고 있다는 것을 알아야 한다("당신의 염려를 알겠어요. 이해가 됩니다. 우리가 속도를 늦추고 더 많은 이야기를 들어주기를 원하시나요?"). 부분들과 친해지기에 대한 자세한 내용은 내면가족체계(IFS) 치료 모델(Internal Family Systems Skills Training Manual)(Anderson, Sweezy, & Schwartz, 2017)을 보라.

## 짐 내려놓기

일단 파트너들이 보호적인 부분들로부터 안정적으로 분리가 되고 참자아가 일할 수 있게 되면, 우리는 과거의 트라우마를 목격하고 추방자들이 자기 패배적인 믿음과 끝없는 극단적 감정을 **내려놓는** 프로세스를 시작할 수 있다(예 : "나한테 무언가 잘못되어 있어," "나는 약해," "나는 너무 두려워," "나는 아무짝에도 쓸모가 없어," "나는 사랑받을 만하지 못해," "나는 나빠"). 이것은 내면 시스템이, 다른 사람이 비판적인 태도를 보이는 것을 수치스러운 개인적 특성 때문이라고 믿을 때 생긴 것이다. 추방된 부분들은 종종 다양한 짐을 짊어지고 있으며, 그들 및 보호자들이 안전하다고 느끼며 참자아와 잘 연결되어 있다고 느낄 때에 비로소 짐을 내려놓게 된다. 일단 이런 조건들이 충족되고 추방자들이 자신들의 짐을 내려놓으면, 보호자들은 자신들의 임무를 내려놓고 다른 일을 할 수 있다.

IFIO 부부치료에서 우리는 특정한 종류의 짐 내려놓기, 즉 관계의 짐 내려놓기(relational unburdening)를 독려한다. 두 파트너 모두 자신들의 보호자들로부터 분리되어, 서로를 정서적으로 품으면서, 번갈아 가며 트라우마를 겪은 어린 시절 사건들을 다시 살펴볼 수 있다. 어린 시절 겪은 관계적 트라우마에 깊이 들어가 두 파트너의 추방자들이 정서적으로 바로잡는 경험을 공유함으로써, 부부들은 깊은 연결과 새롭게 시작하는 느낌을 갖게 된다.

## 전이와 역전이

전이와 역전이는 치료에서 어느 때든지 나타날 수 있다. 부분들의 관점에서 이러한 현상은 치료사의 부분들이나 내담자의 부분들이 마치 과거에 경험했던 것처럼 현재 순간의 경험에 대해 반응할 때 발생한다. 부분들이 이러는 이유는 부분들이 보호하는 추방자가 과거에 갇혀 있기 때문이다. 이런 식으로 갇혀 있는 추방자를 도움으로써, 내담자의 참자아는 보호자들의 왜곡된 시각을 바로잡는다(Schwartz & Sweezy, 2019). 우리 관점에서, 내담자들과 치료사들은 병렬 프로세스 가운데 있다. 따라서 보호자들과 추방자들에게 전이에 대해 주의를 기울이는 만큼 역전이에 대해서도 주의를 기울여야 한다.

---

## 역전이에 대한 팁

당신의 과거사를 알고 일상적으로 당신 자신을 체크한다.

- 나는 한쪽 파트너의 편을 들고 있는가?
- 나는 두 사람 모두를 향하여 친근감을 느끼는가?
- 한쪽 파트너가 나를 무섭게 하거나 겁을 주는가? 만약 그렇다면, 나는 어떻게 하거나 응답하는가?
- 회기가 격해지거나 그들의 부분들이 내게 반응할 때 나는 편안하고 조절된 상태를 유지하는가?
- 그들의 보호자들 중 어떤 것이 더 힘든가?
- 이에 대응하여 나의 시스템은 상향 조절하는가, 하향 조절하는가?
- 어떤 것이 자동적으로 나온 나의 반응인가? 어떤 것이 나의 첫 번째 충동인가?
- 내 보호자들은 부부에 대해 뭐라고 말하는가? 내 추방자들은 뭐라고 말하는가?
- 내 가족에서 나의 역할은 무엇이었는가(예 : 나는 화가 난 아버지로부터 동생들을 보호하려고 노력하였다)? 내가 내담자에게 이 역할을 하지 않을 때가 있는가? 그렇다면 그 순간 이 부분은 나를 위해 어떤 것을 해주려고 애쓰고 있는가?

---

## 관계 신경생물학

신경생물학 분야의 연구는 자율신경계가 스스로의 모양을 고칠 수 있다고 말해주고 있다 (Porges, 2007). 이것은 초기 관계적 트라우마로 인해 싸움과 단절의 반복적인 패턴 가운데 고착된 부부들이 바뀔 수 있음을 의미한다. IFIO에서 우리는 간단하고 이해하기 쉬운 용어를 사용하여 부부들에게 신경생물학이 통제할 수 없다고 느끼는 행동의 기저를 이루고 있으며, 신경생물학은 가소성이 있어, 새로운 행동을 연습하면서 바뀌게 된다고 설명한다.

신경생물학 부문에서 우리는 관련 개념들을 검토하고 IFIO의 맥락에서 그것들을 활용하기 위한 아이디어를 제공한다. 우리 관점에서 이러한 개념들은 부부들이 다음과 같은 여러 가지 방식으로 치유하고 성장하도록 돕는다.

1. 자책(self-condemnation)과 파트너 탓하기(partner-blaming)를 줄이고, 뇌와 자율신경계가 안전하게 연결된 상태를 유지하는 능력에 어떻게 영향을 미치는가에 대한 파트너들의 지식

을 증대시킨다.

2. 파트너들이 자율신경계를 조절하고, 몸과 마음의 고통을 달래는 방법을 배우면서, 그들이 스스로 그리고 서로 현재 내면에 있는 생각과 감정에 인식을 가져올 수 있도록 도와준다.

3. 자율신경계를 조절하기 위한 팀 접근 방식, 즉 공동 조절(co-regulation)이 어떻게 삶의 어느 단계에서도 안전하며 연결된 느낌으로 나아가는 강력한 경로가 되는지 보여준다.

## 요약

IFIO 부부치료는 파트너들이 부분들이라는 개념을 사용하여 사고할 때 따라오는 많은 유익을 경험하는 것을 목표로 한다. 첫째, 이 치료는 부분들의 반복적인 도입부, 즉 문제를 일으키는 보호적인 행동을 설명하고, 정당화하고, 합리화하고, 비판하거나 의절하면서 치료의 시간을 보내는 과정을 건너뛸 수 있다. 둘째, 부분들이라는 개념으로 사고하고, 자신들의 잘못과 결함을 튼튼하고, 중대한, 더 큰 전체 중 단지 하나의 작은 일부로 봄으로써, 내담자는 "나는 무가치해"와 같은 무력하게 만드는 포괄적인 판단에 도전할 수 있다. 셋째, 내담자가 소방관의 동기에 대해 호기심을 느낄 수 있을 때, 그들은 진짜 문제, 즉 취약성과 정서적 고통의 저변에 있는 문제를 발견하고 소방관에게 감사하는 (종종 새로운) 경험을 하게 된다. 넷째, 그들이 과거에 보호가 필요했었는지를 확인하고 그 보호를 제공했던 소방관 부분들에게 친절하게 대함으로써, 파트너들은 소방관들에게 점차로 영향력을 끼친다. 이것은 관리자 부분들이 꿈에서나 볼 수 있는 것이다. 마지막으로 보호자들이 분리되면서 파트너들은 용기를 얻어 그들의 관계에서 마음을 열게 된다.

## 용어 설명 및 개념

모든 심리치료와 마찬가지로, IFS와 IFIO는 특정한 단어와 구절에 독특한 의미를 부여한다. 다음의 용어들은 이 매뉴얼에서 사용하는 언어를 모아 놓은 것이다.

- 8 C : 참자아를 특징짓는 특성으로서, 호기심(curiosity), 평온함(calm), 자신감(confidence), 용기(courage), 연결성(connectedness), 창의성(creativity), 명료성(clarity), 긍휼(compassion)의 마음을 포함한다.
- 섞인(섞여 있는) : 한 부분이 다른 부분 혹은 의식의 자리(즉, 참자아)와 합쳐져 있다. 섞임(blending)은 연속선상에서 일어난다. 따라서 개인이 공감적이어서 어떤 부분과 함께 느끼

거나, 어떤 부분과 상당히 일치하거나, 그 부분의 눈을 통해 세상을 보는 극단으로 갈 수도 있다("이게 나야!").

- **짐을 짊어진** : 부분은 짐을 짊어진다. 부분이 집착하는 고통스러운 신념, 부분들이 갇혀 있는 느낌의 극단적인 감정 상태, 그리고 이야기의 맥락 없이 일어나는, 반복되는 괴로운 신체 감각을 말한다. 이것들은 과거 트라우마의 양상을 상징하거나 재연하는 것이다.

- **짐** : 끈질기며, 부정적인, 스스로를 일컫는(self-referential) 신념(예 : "나는 사랑받지 못하는 존재야", "나는 무가치해"), 반복되는, 강렬한 트라우마 관련 감정 상태(예 : 공포, 수치스러워함, 격분), 무섭거나 고통스러운 반복적인 신체 감각

- **직접 접근** : IFS에서 부분들과 소통하는 데 사용되는 두 가지 주요 방법 중 하나. 보호자가 분리되려 하지 않을 때, 치료사는 내담자의 부분들에게 직접 말할 수 있다. 따라서 직접 접근이라 불린다. 직접 접근에서는, 치료사가 어떤 부분에게 명시적으로 말할 수도 있고(예 : "내가 이 부분에게 직접 말해도 되겠습니까? 당신은 왜 피터가 술을 마시길 원합니까?") 치료사가 부분과 이야기한다는 것을 말하지 않으면서, 암묵적으로 직접 접근법을 사용할 수도 있다. 직접 접근은 어린 아이들에게 사용하는 일반적인 방법이며(Krause, 2013) IFIO 부부치료에서도 자주 사용된다.

- **다시 하기(Do-Over)** : 추방된 부분이 과거에 갇혀 있고, 내담자의 참자아를 그때, 그 장소로 데리고 가, 거기서 추방자가 그 당시 누군가 자기를 위해 해주었으면 하는 것들이 무엇이든 참자아로 하여금 하라고 지시한다. 그것이 끝나면, 참자아는 그 부분을 과거에서 현재로 데리고 나온다.

- **내면 들여다보기(In-Sight)** : 부분들과 참자아 사이의 내면 소통의 한 형태로서, 성인들이 부분들과 소통하고 부분들을 이해하기 위해 종종 사용하는 접근 방식이다. 내면 소통을 위해서는, 내담자가 자신의 부분들을 시각적으로, 신체의 자세 및 움직임으로, 청각적으로 인식하고 그들과 직접 소통할 수 있는 충분한 참자아 에너지를 갖고 있어야 한다. 보호자들이 내면 소통을 차단할 때 우리는 대신 직접 접근을 사용한다.

- **부분들** : 내면 실체 또는 소인격체로서, 독립적으로 기능하며, 감정, 생각, 신념 및 감각의 전 영역을 가지고 있다. 이 실체들은, 자신들이 이해받으며 인정받고 있다고 느낄 때 참자아 에너지를 보이기도 하며, 외모, 나이, 성별, 재능 및 관심사가 다양하다. 그들은 내면 시스템 안에 존재하며, 거기서 다양한 역할들을 맡고 있다. 부분들이 취약하다는 이유로 다른 부분들에 의해 추방당하지 않고, 추방된 부분들을 관리하는 법에 대해 서로 갈등을 빚지 않

을 때, 그들은 우리의 웰빙에 다양한 방식으로 기여한다.

IFS는 내면 시스템에서의 역할에 따라 세 가지 넓은 범주로 부분들을 분류한다. 수치심을 느끼는 상처받은 부분들(또는 추방자)은 다른 부분들에게 일차적인 영향을 가한다. 추방자 주위를 두 가지 서로 다른 범주의 보호적인 부분들이 맴돌고 있다. 어떤 보호자들은 사전 예방적이어서, 추방된 취약성 및 더 이상의 상처를 피하는 것을 목표로 한다. 우리는 그들을 관리자라고 부른다. 다른 보호자들은 사후 반응적이다. 그들은 우리 관리자들이 최선의 노력을 기울였음에도 불구하고 정서적인 고통이 뚫고 나올 때, 그것으로부터 주의력을 분산시키고, 억제하는 일을 맡는다. 우리는 그들을 소방관이라고 부른다.

1. **추방자** : 감정, 신념, 감각, 행동에서 드러나며, 이 부분들은 어릴 적에 수치심을 느끼거나, 거절당하거나, 학대당하거나, 방치당한 적이 있으며, 이후 그들이 안전하도록, 그리고 그들이 정서적인 고통으로 내면 시스템을 압도하지 못하도록 보호자들에 의해 쫓겨난다. 보호자들은 추방자들이 의식 가운데로 나오지 못하도록 하는 데 대단히 많은 내적 에너지를 소비한다.

2. **사전 예방적 보호자(관리자)** : 관리자는 배우고, 기능하며, 준비되고, 안정된 상태에 초점을 맞춘다. 그들은 추방자들이 정서적 고통으로 내면 시스템을 뒤덮지 못하도록 애쓰며 경계한다. 우리를 과제 지향적이고 고통을 느끼지 못하도록 하기 위하여, 그들은 실용주의, 사고, 비판, 수치감 불어넣기 같은 몇 가지 표준 전술을 가지고 있다.

3. **사후 반응적 보호자(소방관)** : 소방관들도 정서적 고통을 피하는 것을 목표로 한다. 그러나 그들은 비상 대응팀이며, 관리자들이 억압적이고 억제적인 노력을 기울였음에도 불구하고 추방자들의 기억과 감정이 의식으로 뚫고 나온 후에 배치된다. 사후 반응적 보호자들은 관리자들이 극도로 싫어하는 극단적인 조치(알코올 및 약물 남용, 폭식, 과도한 쇼핑, 난잡한 성생활, 절단, 자살, 심지어 살인)를 사용한다. 그들은 정서적인 고통으로부터 주의력을 분산시키는 사명감에 지독하게 투철하며 다른 부분들이 그들을 통제하려 할 때 잘 반응하지 않는다.

- **양극화** : 보호자들은 정서적 고통을 관리하는 방법에 대해 일상적으로 의견 차이를 보이며 결국에는 적대적 관계로 끝난다. 시간이 지남에 따라, 그들의 갈등은 점점 더 극단적이며 많은 비용이 들게 된다. 하지만 우리가 각 부분의 선한 의도와 기여도를 인정하면, 그들은 일반적으로 기꺼이 새로운 것을 시도해보고자 한다. 일단 그들이 추방자와 참자아와의 관

계에 의해 추방자가 치유받는 것을 목격하면, 그들은 자신들의 보호적인 임무를 내려놓고 선호하는 역할을 선택할 수 있게 된다.

- **참자아** : 의식의 자리로서, 우리 각 사람 안에 있는 타고난 존재이며, 그의 무비판적이고 변화를 가져오는 특성들(호기심, 배려, 창의성, 용기, 평온함, 연결성, 명료함, 긍휼의 마음, 현재의 생각과 감정에 의식을 가져옴, 인내, 끈기, 긴 안목, 장난기 많음)을 거쳐, 내면 시스템 및 외부 시스템에 균형과 조화를 가져다 준다. 부분들이 참자아와 섞일(즉, 참자아를 압도하고 가릴) 수는 있지만, 참자아는 손상될 수 없으며, 부분들이 분리되자마자 기능할 수 있다.

- **참자아 에너지** : 인내, 호기심, 끈기, 장난기 많음, 인자함, 긍휼히 여기는 마음의 특성으로서, 참자아가 부분들과의 관계에 가져온다.

- **참자아의 이끎을 받는** : 이것은 개인이 내면적으로는 부분들과, 그리고 외부적으로는 다른 사람들과 함께 듣고, 이해하고, 현재의 생각과 감정에 의식을 가져올 수 있는 역량을 갖고 있을 때 일어나며, 시스템적 관점의 명료함과 책임을 지고자 하고, 의지와 인자함의 정신을 제공한다.

- **짐 내려놓은 추방자를 위한 초대** : 짐을 내려놓은 후, 그 부분은 자신이 선택한 어떤 특성이 전에 짐이 차지하였던 공간을 채우도록 할 수 있다.

- **짐 내려놓기 프로세스** : 전체적으로 볼 때 짐 내려놓기 프로세스는 다음의 단계를 포함한다. 즉, 참자아가 추방자를 목격하기, 참자아가 과거로 들어가 트라우마를 유발하는 상황 가운데 있는 추방자가 필요로 하는 방식대로 돕기, 참자아가 추방자를 과거로부터 데리고 나오기, 추방자가 자신의 짐을 내려놓기(짐 내려놓기), 추방자가 새로운 특성을 초대하기, 그리고 마지막으로 참자아가 보호자들이 짐을 내려놓고 역할을 바꿀 준비가 되어있는지 체크하기가 그것이다.

- **분리된(분화된 혹은 부분들로부터 분리된)** : 이 '함께하기' 체험에서, 참자아는 현재의 생각과 감정에 의식을 집중하며 여유를 가지고 부분들과 공감적으로 동행하며(공감), 그들의 경험을 이해하고 그들을 향해 긍휼의 마음(배려)을 갖는다. 부분들이 의식을 지배하고자 다투지 않으면서 참자아로부터 분리된 상태를 유지할 때, 우리는 우리의 참자아에 접근할 수 있다. 분리되어 존재하는 상태는 종종 내면의 너른 느낌으로 해석된다.

- **짐 내려놓기** : 짐을 짊어진 부분이 짐(강렬하고 고통스러운 신체 감각, 극단적인 감정, 가혹한 신념)을 내려놓는 순간을 가리킨다. 이 순간은 종종 의식 절차로서, 무속 전통에서와 같

이 짐을 원소들(빛, 땅, 공기, 물, 불) 중의 하나에 내려놓는 것을 포함한다. 그러나 짐 내려놓기도 자발적일 수 있다(Geib, 2016).

- **목격하기** : 부분이 이해받으며, 수용되고, 사랑받으며, 자기 수용의 느낌이 들 때까지 내담자의 참자아에게 자신의 경험을 보여주거나 이야기해주는 과정이다.

# 치료의 세 단계

이 섹션에서는 IFIO 치료의 세 단계를 설명하고 보여주며, 부부가 회기 중에 혹은 집에서 사용할 수 있는 연습을 제공한다. 제1단계에서는 부부를 알아가며, 모델을 소개하고, 목표를 정하고, 희망을 제공한다. 제2단계에서는 치료의 대부분을 다루며, 각 파트너의 보호자들에게 친절하지만 단호하게 도전하고, 부부 갈등의 순환적 성격을 추적하며, 보호자들이 분리되도록 요청함으로써 부부들은 새로운 것을 시도하여 자신들의 선택사항들을 증대시키고 자신들의 반응성을 감소시킬 수 있다.

치료의 제2단계에서는, 파트너들에게 수치심에 대한 관계적 관점(relational perspective)을 제공하고 그들에게 다양한 유-턴 탐구법을 경험하도록 안내한다. 그들이 치료 초기에 구체적인 파열에 대해 도움을 요청하면, 우리는 배신에 대해 작업하는 방법을 소개한다. 그렇지 않으면 치료가 진행되면서 배신을 다룬다. 그들이 분리하기에 숙달되고, 한 회기의 상당 부분 동안 정서적으로 조절되며, 호기심을 유지할 수 있게 되면 우리는 공격하거나 무너지지 않으면서 말하고 경청하는 방법인 **용기 있는 의사소통**을 소개한다. 마지막으로, 타이밍이 맞으면 우리는 한 파트너는 개인 작업을 어느 정도 하고, 상대방은 목격자 역할을 하도록 초대한다.

이 제2단계는 동등하게 강력한 두 힘에 의해 지배된다: (1) 부부의 저변에 있는 다시 연결하고자 끌어당기는 힘, 이것은 그들로 하여금 계속 관여하도록 동기를 부여한다. (2) 그리고 그들의 정서적인 소용돌이, 이것은 우리가 흐름이 차단된 곳으로 뛰어들도록 유도한다(Herbine-Blank et al., 2016). 우리가 소개하는 모든 다양한 전략(추적하기, 분리하기, 유-턴, 용기 있는 의사소통 및 개별 탐구) 전반에 걸쳐, 우리는 부부가 한 걸음 뒤로 물러서서, 내용보다는 프로세스를 관찰하고, 충족되지 않은 욕구가 어떻게 보호자를 선동하는지 발견하도록 초대한다. 프로세스는 선형적이지 않다. 우리는 마음을, 가장 취약한 구성원들을 추방하고 다양한 보호 전략을 수립함으로써, 정서적 상처를 다루는 공동체라는 관점으로 준비하고 임한다. 이 모델을 기반으로 우리는 치료 초기에 보호적인 부분들이 절망하며 좌절감을 느낄 것이라고 예상한다.

그렇더라도, 우리는 그 부부가 어느 순간에 어떻게 행동할지 모른다. 부분들의 사회적 모임 준비는 예측 가능하지만, 개인들은 예측 불가능한 놀라움으로 가득 차 있고 모든 부부들은 독특하다. 따라서 치료사는 바짝 긴장하고 있어야 한다. 우리의 임무는 마음을 열고 창의적이어야 한다. 치료가 교착 상태이며 비생산적으로 보이면, 우리는 먼저 우리 스스로를 체크한다. 우리가 역전이 감정을 감지하면, 우리 부분들을 돕도록 한다. 어떤 치료에서든 힘든 것은 우리에게도 힘든 것이다. 우리가 어릴 적에 부모들이 다퉜기 때문에 우리의 부분들이 분노에 대해 공포감을 가지고 있다면, 우리는 우리 부분들을 도울 필요가 있다. 우리는 갈등 추적하기, 보호자들이 분리되도록 돕기, 파트너들 유-턴 하도록 돕기, 용기 있는 의사소통 촉진하기 및 한 파트너의 추방자들과 함께 뛰어들기 사이를 오가면서, 끊임없이 우리 내면 공동체의 욕구를 모니터링 한다.

제3단계에서 우리는 복구, 용서, 화해 및 미래에 도달한다. 이때쯤이면 부부들은 부분들, 파트너, 그리고 관계에 대해 명확해지고 서로에게 덜 반응적이 된다. 그들의 친밀감은 더 깊어지고, 이제는 그들이 그들의 미래를 그릴 때가 된다. 만약 치료사가 아직 사과와 용서에 대한 대화를 시작하지 않았다면, 지금이 바로 그때이다. 우리는 파트너들이 사과와 용서에 대한 장애물을 탐구하도록 지원하고, 진정한 복구를 촉진하며, 그들이 관계의 건강에 대한 책임을 나누어 짊어질 수 있도록 돕는다. 부부가 안전과 신뢰를 더 많이 갖게 될 때 비로소 그들은 새로운 방식의 사고, 느낌 및 존재에 바탕을 둔 미래를 설계할 수 있게 된다.

## IFIO 부부치료의 세 단계

### 제1단계 : 알아가기
- 부부를 만나, 분화 수준을 평가한다.
- 그들이 어떤 것을 두려워하는지 알아간다.
- 그들의 정서적 욕구, 바람 및 치료의 의도를 알아간다.
- 가능성을 제시한다.

### 제2단계 : 문제의 핵심에 도달하기

- 부부에게 새로운 의사소통 기술을 가르쳐, 서로 분리되고 자율신경계를 조절하도록 돕는다.
- 부분 감지기(parts detector)가 될 수 있는 허락을 구한다.
- 어떻게 싸우며, 어떻게 취약한지 다음을 추적한다.
  - 욕구를 어떻게 협상하는지
  - 서로에게 어떻게 수치감을 불어넣는지
  - 어떻게 수치감 불어넣기를 수용하는지(즉, 그들의 보호자들이 어떻게 그들에게 수치감을 불어넣는지)
- 부부가 알아야 할 새로운 의사소통 행동을 차근차근 따라 하도록 안내한다.
- 몸으로 익히고 경험적인 연습으로 그들의 작업을 심화시킨다.
- 관계적인 짐 내려놓기(relational unburdening)를 증진시키고 강화한다.
- 개인 작업을 수행한다.
  - 분리하기
  - 수치스러움의 짐을 내려놓기
  - 파트너를 목격자로 세우기
  - 새로운 의사소통을 연습하기
  - 관계적 욕구로 되돌아가기
  - 욕구를 충족시킬 가능성이 높은 기술 연습하기

### 제3단계 : 종료

- 부부가 서로를 '상처 주는 자' 또는 '치유자'가 아닌 하나의 자원으로 볼 수 있도록 돕는다.
- 복구와 용서의 프로세스를 안내하여 배신감을 치유한다.
- 파트너들이 점차로 분리되어 (그들이 함께 나아가기로 결정한 경우) 차이점을 인정하고 비전 공유를 바탕으로 관계를 발전시킬 때, 그들을 지원하고 안내한다.

## 치료 제1단계 : 알아가기

### 평가 : IFIO는 공동의 작업이며 비병리적이다

심리치료에서의 평가는 종종 진단 병리학을 중심으로 이루어진다. IFIO에서는 IFS와 같이 내담자를 진단으로 분류하지 않는다. 우리의 관점에서 인간의 마음은 부분들과 손상되지 않은 참자아로 된 내면 시스템으로 되어 있다. 이러한 내면 시스템은 모든 수준의 인간 시스템과 마찬가지로 스스로 조직하여 취약성을 보호한다(탁월함과 창의성에 대해서도 그러하다). 그러나 궁극적으로, 부분들은 혼자서 위험한 세상을 헤쳐 나갈 수 있는 자원들을 갖고 있지 않다. 그들은 참자아를 필요로 하며, 우리는 그들에게 소개하는 것을 목표로 한다.

우리는 흥미와 호기심으로 치료를 시작하고, 부부의 부분들을 만나고 인사하고, 각 파트너의 시스템이 갖고 있는 신념과 우선순위에 대해 알아가며, 그들이 함께 만든 시스템을 살펴본다. 많은 경우, 부부의 보호자들은 서로를 비난하며, 고통스러운, 자기 바람과 욕구에만 관심있는 '나' 상태에 갇혀 단절을 먹고 살게 된다. 우리가 초기에 전달하는 우리의 목표는 그들이 '우리' 상태를 되찾을 수 있도록 돕는 것이다. 두 파트너와 연결한 후, 우리는 IFIO 치료사의 역할과 자세에 대해 다음과 같은 몇 가지 중요한 사실을 전달한다.

1. 우리는 그들의 부분들을 두려워하지 않는다.
2. 우리는 두 파트너의 안전을 최우선으로 한다.
3. 우리는 의견 차이가 있을 때 편을 들지 않는다.
4. 우리는 각 파트너의 관점에 대해 마음을 열고 호기심을 갖는다.
5. 우리는 두 파트너를 존중과 호기심을 가지고 대하되, 그들의 경험의 타당성과 그들의 보호적인 부분들을 극단으로 몰아가는 취약성을 인정한다.

## 첫 질문을 하고, 경청하며, 관찰한다

어떤 특정 부부의 상태를 파악하기 위해 우리는 다음과 같은 질문을 한다.

- 당신들은 왜 여기 오셨습니까?
- 당신들은 서로 다르다는 것에 대해 어떻게 느끼십니까?
- 당신들은 관계 속에서 어떤 것을 바라십니까?
- 당신들은 치료에서 어떤 것을 달성하고 싶으십니까?
- 당신들은 어떤 것이 가장 두려우십니까?

우리는 들으면서, 그들이 서로 얼마나 분화되어 있는지를 가늠하고, 그들의 부분들이 내면적으로 얼마나 분화되어 있는지에 주목하며, 그들의 부분들의 역할과 관계를 안팎으로 평가하고, 그들의 자율신경계 조절 장애 기초 수준을 추정하며 각자가 하는 말을 추적하고 정확히 반영하여 그들의 이야기를 우리의 마음속에 고정시키고 그들이 안전하게 느낄 수 있도록 돕고, 크고 작은 그들의 감정을 확인할 기회를 갖는다.

우리는 또한 그들의 과거사에 대해 질문한다. 그들은 다음과 같은 문제를 갖고 있었는가? (1) 정신질환, (2) 약물 또는 알코올 남용, (3) 그들의 원가족, (4) 자녀 및 양육, (5) 성생활, (6)

배신, (7) 문화적 차이, (8) 더 큰 맥락에서의 편견(prejudice)과 편향(bias), (9) 과거 치료 이력, 혹은 (10) 사과와 용서? 이러한 질문은 여러 회기에 걸쳐 지속될 수 있는데, 치료가 전개되면서 관련성이 입증될 수도 있는 정보를 우리에게 제공한다.

## IFIO 모델 소개하기

부부의 필요에 따라, IFIO를 말로 이야기함으로써, 또는 경험적으로 뛰어들어 어떻게 작동하는지를 보여줌으로써 소개할 수도 있다. IFIO 개념을 어떻게 소개하는가 하는 것과는 무관하게 우리는 다음과 같은 메시지를 포함시킨다.

- 모든 인간은 부분들과 손상되지 않은 참자아를 소유하고 있다.
- 어떤 한 느낌이나 경험이 어떤 특정 순간에 우리 모습의 모든 것을 대표하지 않는다. 부분들은 더 큰 전체의 측면일 뿐이다.
- 어떤 부분들은 취약성을 피하기 위해 보호적인 역할을 맡고 있고, 또 어떤 부분들은 취약하며, 또 어떤 부분들은 상처의 영향을 받은 적이 없다.
- IFIO는 공동 작업이다. 당신들(내담자)과의 계약은 당신들(내담자)의 바람과 욕구에 달려 있으며, 치료 도중에 바뀔 수도 있다.
- 당신들은 자유롭게 맞서고, 질문하고, 이견을 표시하며 지속적으로 자신을 표현할 수 있다. 우리의 좌우명은 이것이다. "당신들의 모든 부분들을 환영합니다." 당신들의 부분들은 이 초대를 신뢰하기 위해서 시간이 필요할 수도 있다.
- 우리는 고통스럽게 얽힌 관계 가운데 빠져 있는 부분들을 이해함으로써 시작할 것이다.

---

# 첫 회기

아비와 한나는 30대 후반의 이성애자 유럽계 미국인 부부였다. 그들은 결혼하지 않고 함께 8년을 살았고 뉴욕시에서 3년을 살았다. 두 사람은 많은 공통된 가치를 가지고 있을 뿐만 아니라 두 사람 모두 성공적인 시각 예술가들이었다.

한나가 아비에게 자신이 결혼해서 아이를 가질 준비가 되었다고 말하기 전까지 그들의 관계는 매우 열정적이었다. 아비는 평생 헌신하겠다고 약속할 자신이 없다고 대답하였다. 결혼에 대한 그들의 대화가 점점 더 걱정스럽고 고통스러워지자, 그들은 교착 상태에 빠졌음에 동의하고 치료를 받고자 하였다.

> 치료사 : 어서오세요. 어떤 상황인지에 대해서 우리가 짤막하게 이야기는 하였지만, 저는 오늘 두 분께 좀 더 이야기를 듣는 것으로 시작하고 싶어요. 어떤 일이신지, 치료에서 두 분이 어떤 것을 바라는지, 그리고 제가 어떻게 도울 수 있는지 알고 싶어요.

> **초대하기, 경청하기 및 관찰하기**

아비 : 분명히 내가 문제예요. [한나를 바라보며] 당신이 결혼하고 싶어하는 거 알아. 우리는 결혼할 거라고 항상 말했어. 그리고 아기도 갖겠다고. 이제는 잘 모르겠어.

> 치료사 : 두 분은 8년 동안 동거해오고 있었네요. 마치 두 분의 관계 지향점에 대해 어떤 가정을 하고 있었으나, 이제는 아비 당신이 확신을 갖지 못하고 있다는 이야기로 들리네요.

아비 : [고개를 끄덕이며] 그게 요점이에요.

> 치료사 : 그리고 당신에게는 자신이 문제라고 생각하는 부분이 있는 것 같네요.

> **부분 언어를 소개하기**

아비 : 네, 한나 생각이 그래요.

한나 : 그래요. 나는 정말로 그렇게 생각해요. 저 사람이 문제 자체라는 것은 아니예요. 하지만 갑자기 문제가 생겼어요. 한때는 우리가 같은 생각이었는데, 다음 순간 갑자기 저 사람은 헌신 약속에 대해 초조하고 불안해하고 있어요. 난 이해가 안 돼요. 나는 속상하고, 화가 나며, 두려워요.

> 치료사 : 당신의 두려움에 대해 좀 더 말해주실 수 있나요?

> **취약성 초대하기**

한나 : 제 나이 서른 다섯이에요. 제가 아기를 가지려면 벌써 시작해야 했어요. 나는 아비를 사랑해요. 우리는 멋진 삶을 살고 있어요. 우리의 관계가 끝난다면 나는 엄청난 충격을 받을 거예요.

> 치료사 : 이해가 되네요. 한나 씨, 당신의 이야기로 보아, 남편의 이 같은 변화가 갑작스럽

고 혼란스럽고 무서운가요?

한나 : 네. 그런 이야기를 하는 것만으로도 곧 토할 것 같아요.

치료사 : 두 분이 그에 대해 얘기하려고 하면 어떤 일이 일어나는데요?

한나 : 어떤 일이 일어나지, 아비?

아비 : 잘 모르겠어요. 나는 이성을 잃게 돼요. 공황 상태가 되어, 미친 듯이 달리고 싶은 충동이 느껴져요.

치료사 : [한나를 바라보며] 당신은요?

한나 : 나는 엄청난 좌절감에 빠져요. 저 사람이 도망갈까 봐 두려워요, 그리고 저 사람을 대화 가운데 붙들어 두려고 애쓰지요. 그러나 나 역시 공황 상태가 돼요.

치료사 : 이해가 돼요. 두 분이 이성을 잃고 어찌할 줄 몰라 하는 부분들을 가지고 있네요. 그러나 두 분은 공황 상태를 아주 다르게 관리하고 있어요. 제 말이 맞나요?

한나 : 맞아요.

치료사 : [두 사람에게] 저의 다음 질문을 잠시 생각해보세요. 공황 상태는 무엇을 전달하고자 하는가요?

> 질문하고 내면적으로 경청하도록 부드럽게 초대하기

아비 : [잠시 후] 나는 꼼짝 못하겠어요.

한나 : 정반대예요. 나는 나 혼자예요.

치료사 : 이거 아주 힘들어 보이네요. 이제 두 분이 어떻게 그리고 왜 도움이 필요한지 알 것 같아요.

> 확인하기

한나 : 나는 내가 무언가 대답과 결정이 필요한 상황이야.

아비 : 좋아, 내가 공황 상태인 것 같다고 말한 거 기억해? 음, 여기 있네, 바로 여기 내 목구멍 안에.

치료사 : 제가 도와드릴까요?

아비 : 이게 최후통첩처럼 들리네요. 네, 도와주시면 아주 고맙겠어요.

치료사 : 심호흡을 두세 번 해보세요. [잠시 멈춘다] 다음의 이 생각이 이상하게 들릴지 모

르지만, 당신 목구멍에 주목하고, 그 느낌에게 "안녕" 하고 인사하세요. 당신 자신에게 하는 말이 들리나요?

**느낌이 되기보다 느낌을 감지함으로써 내적 분화를 촉진시키기**

아비 : [잠시 멈춘다] 아니. 이거 묘한 느낌이네요.

치료사 : 좋아요. 묘한 느낌은 뭔가 중요한 일이 일어나고 있다는 걸 당신에게 알려주고 있어요. 저는 당신과 한나가 이 모든 것을 꺼내 놓고 해결하도록 도와드릴게요. 시간이 좀 걸릴 수는 있지만, 두 분이 이렇게 하면, 우리가 끝내기 전에 두 분에게 많은 감정이 생길 거예요. 하지만 우리는 치료에 참여하는 프로세스에 대해 이야기하는 것으로 시작할 거예요. 제 생각으로는 오늘 어떤 확실한 결정이 내려지지는 않을 거예요.

**도움을 제의하고 치료의 한계 설정하기**

아비 : 네, 좋아요. 어떤 결정도 내리지 않는 것이 제 편에서는 좋아요.

치료사 : 한나 씨, 하고 싶은 말이 있나요?

한나 : 와! 나랑 결혼한다는 생각만 해도 공황 발작이 시작된다고요? 아프네.

아비 : 한나, 너랑 결혼한다는 생각 때문에 그런 게 아니야. 나의 이성을 잃게 만드는 것은 최후통첩이야.

치료사 : 두 분 사이에 무슨 일이 일어나고 있는지 그림이 그려지네요. 그리고 할 이야기가 훨씬 더 많이 있겠지요. 하지만 제 생각에는 치료 프로세스에 대한 정보가 도움이 될 것 같아요. 그리고 제가 어떻게 작업하는지에 대한 질문이나, 전반적으로 저에 대한 질문의 시간을 절약하고 싶어요.

아비 : 선생님은 전에 이런 것을 보신 적이 있나요?

치료사 : 있지요, 아비 씨. 많아요.

아비 : 어떤 일인데요?

치료사 : 모든 사람이 다르지요. 이 치료법은 두 분 모두에게, 자신에 대해 호기심을 갖게 되고, 서로에게 경청하고 서로에게 달리 말하며, 어떤 일이 일어나고 있는지 더 잘 이해하는 안전한 방법을 제공할 거예요. 제 경험에 따르면, 일단 당황하지 않

고 힘든 대화를 계속해 나갈 수 있는 능력을 갖기만 하면, 두 분은 서로에 대해 더 많은 것을 알게 되고, 두 분이 내려야 할 결정도 더 쉬워질 거예요.

한나 : 나는 그게 좋을 것 같아요. 난 정말 전혀 모르겠어요.

치료사 : 두 분이 어느 정도 탐구할 기회를 가질 때까지 우리가 결정하는 것을 보류할 수 있을까요?

한나 : 그것은 힘든데요.

치료사 : 힘들겠다고 방금 말한 그 부분에 귀를 기울이고, 그 이유를 알아보도록 하지요.

한나 : 선생님은 그것이 나의 전부가 아니라고 생각하시는 건가요?

치료사 : 마음을 열고 저와 함께 알아보는 실험을 잠깐 해보실래요? 그러고 나서 제가 좀 더 설명해드리지요.

한나 : 좋아요.

치료사 : 잠시 힘들다는 느낌을 유지하세요. 어디에서 그것이 감지되나요?

한나 : 제 머리 속에서 이런 말이 들려요. 지금 당장 알아야 해. 그래야 내가 그것을 해결할 수 있지.

치료사 : 당신 머리 속의 그 목소리는 당신이 각오하라는 이야기인가요?

한나 : 네.

치료사 : 그런 다음에는요, 한나씨?

한나 : 그런 다음에는 긴장을 풀든지, 이성을 잃든지 하겠지요.

치료사 : 그 부분은 미래를 알고 싶어 하나요?

한나 : 바로 그거예요! 나는 전혀 통제가 안 되고 있는 느낌이에요.

치료사 : 알겠어요. 말씀드렸듯이, 두 분이 저와 작업하면, 우리는 할 수 있을 거예요. 지금 당장은, 제가 어떻게 작업하는지, 그리고 제가 알기에 어떤 것이 가능한지 알려 드릴게요. 어때요? [그들은 고개를 끄덕인다] 아비씨, 당신은 전화에서 말씀하셨지요? IFS에 대해 조금 알고 있으며, 그것을 한나와 공유하셨다고. IFS를 기반으로 하는 이 부부치료 방법에 대해 긴 말씀드리지는 않겠습니다만, 기본적인 아이디어들은 이해할 만한 가치가 있다고 생각해요. 이 모델에서, 우리는 모든 인간의 마음이 많은 부분들, 혹은 성격의 측면들을 가지고 있다는 것을 인정합니

다. 그것은 정상이지요. 저 역시 부분들을 가지고 있어요. 이것은 왜 우리가 동시에 서로 다른 많은 것을 느끼고 생각할 수 있는지를 설명해줍니다. 지금까지 제가 한 말을 이해하시겠어요? [둘 다 고개를 끄덕인다] 이것이 부부들에게 좋은 점은 한 가지 생각이나 느낌이 당신 모습의 전부가 아니라는 것을 깨닫는 것이지요. 두 분이 자신의 부분들을 알아가면서, 자신과 서로를 더 잘 이해할 수 있을 거예요. 예를 들어, 두 분 모두 방어적이지만 또한 매우 취약한 느낌이라고 묘사하고 계셨어요. 우리는 두 분의 그 서로 다른 부분들을 찾아서 도울 수 있어요.

한나 : 그것들이 무엇인지 다시 말씀해주시겠어요?

치료사 : 물론이죠. 그래서, 한나 씨는 좌절하게 되었다고 그러셨지요? 분노의 사촌이라고 할 수 있는… 이런 식으로 생각하면, 당신은 좌절한 부분을 가지고 있는 것이지요. 당신은 또한 두려움과 불확실함을 느낀다고 묘사하셨어요. 그건 당신의 전혀 다른 부분이라고 할 수 있지요. 훨씬 더 취약하다고 느끼는 부분이지요.

한나 : 네, 그들은 서로 달라요. 하나는 강하고 다른 것은 약해요.

치료사 : 아비 씨, 당신은 이성을 잃고 겁에 질리게 된다고 하셨어요. 그리고는 도망가고 싶어 합니다. 이것이 당신의 부분들이에요.

아비 : 선생님이 무슨 말씀하시는지 이해해요. 이해하려면 시간이 좀 걸리겠지만 한나가 무슨 말하는지는 알겠어요. 한 부분은 약하게 느끼고 또 한 부분은 강하게 느껴요.

치료사 : 부분들의 개념은 완전히 이해하는 데 시간이 걸릴 수 있어요. 대부분 경험이 필요하지요. 우리는 한 부분은 보호적인 느낌이고 다른 부분은 취약한 느낌이라고 말할 수 있지요. 이런 부분들이 대화 가운에 휘말리면, 사태가 가열되어, 당신이 속도를 늦추기 힘들어요. 두 분 다 속상한 느낌이신 것 같네요. 그렇지요?

> 어떤 부분들은 다른 부분들의 취약성을 피하기 위해 보호적인 역할을 떠맡는다는 것을 강조하기

아비 : 그런데 우리는 정말 단절된 느낌이에요.

한나 : 그리고 불안해요!

치료사 : 맞아요. 단절되고 불안함. 오늘은 시간이 얼마 남지 않았네요. 집에 가셔서 우리가 논의하였던 것에 대해 생각해 보시면 좋겠어요. 만약 두 분이 저와 함께 이 모든 것을 탐구하기로 결정하시면, 저는 두 분의 과거사, 가족들, 그리고 치료에 대

한 희망 관련한 정보를 지속적으로 수집하겠어요. 그동안 이것이 얼마나 고통스러운 시간인지 제가 추적하고 있다는 사실을 두 분이 아셨으면 좋겠어요. 두 분에게 도움이 될 거라고 생각해요.

이것은 IFIO 첫 회기가 어떻게 진행될 수 있는지를 보여주는 하나의 예에 불과하다. 모든 부부와 모든 치료사는 서로 다르다. 우리는 당신이 가치 있다고 여기는 어떤 평가 도구라도 계속 사용하며, 마음을 열고, 호기심을 품고, 부부와 연결을 유지하면서 IFIO 개념을 소개하는 자신만의 방법을 찾기를 권장한다.

## 치료의 제2단계 : 문제의 핵심으로 들어가기

### 부부 갈등의 순서를 추적하기

20세기 후반, 가족 치료사인 살바도르 미누친은 가족 내 부정적 상호작용을 탐구하는 수단으로 추적하기(tracking) 전략을 개발하였다(Minuchin & Fishman, 1981). 마찬가지로, IFIO 치료사들도 추적하기를 사용하여, 부부의 예측 가능하고 반복적이며 부정적인 상호작용을 평가한다.

부부들은 종종 둘 중의 하나가 싸움을 '시작'했고 그 사람이 비난받아야 한다고 믿고 있지만, 우리는 추적하기 기법을 사용하여 프로세스를 조명하고 어떤 특정 의견 불일치를 보이는 내용은 대화에서 다루지 않는다. 부부의 다투는 보호자들은 이번에는 무슨 일이 일어났고 누가 비난받아야 하는지 논의하고 싶어 하지만, 적절한 질문은 매번 그들이 갈등을 겪을 때마다 어떤 일이 일어나며, 왜 그들의 보호적인 부분들이 내용과 상관없이 계속 이러는가 하는 것이다. 고통스러운 상호작용 저변에 있는 감정과 욕구에 주의를 기울이기 위해, 우리는 부부의 외부 대인(external interpersonal) 역동을 풀어놓을 뿐만 아니라 또한 보호자에게 동기를 부여하는 내부 개인(internal intrapersonal) 역동을 풀어놓는다. 보호자들이 치료 과정 전반에 걸쳐 계속 활성화되는 한, 우리는 그들의 상호작용을 추적한다.

---

# 추적하기

- 부분들을 참자아로부터 분화(분리)시킨다.
- 파트너들이 부정적 상호작용의 예측 가능한 순서의 형태로 보호자 반응을 인지하도록 돕는다.
- 보호적인 행동을 촉진시키는 취약한 부분들의 감정과 욕구를 드러낸다.
- 파트너가 새로운 것을 시도해 다른 결과를 경험할 수 있도록 초대한다.

---

순서를 효과적으로 추적하기 위해, 우리는 다음의 로드맵을 반드시 따른다. 먼저 우리는 부부의 상호작용에 주의 깊게 귀를 기울이고, 각 파트너의 행동에 대한 세부사항을 파악한다("당신은 파트너에게 어떤 행동 혹은 말을 하나요?"). 부부들은 자신들의 싸움의 내용이 중요하다고 생각하지만, 우리는 그들이 어떻게 상호작용하는지 추적하기를 고수한다. 그다음, 우리는 보호자의 동기에 대해 인터뷰하여("이 부분은 당신을 대신하여 그렇게 화를 내지 않는다면 당신에게 어떤 일이 일어날까 두려워하나요?" 또는 "이 부분이 바라는 것은 무엇인가요?"). 보호자의 희망, 두려움 및 욕구에 대해 알아간다. 보호자들이 어떻게 느끼는지 혹은 보호자들에게 동기를 부여하는 것이 어떤 것인지 이야기를 해주는 것보다, 우리는 자기 탐구의 프로세스를 밟아가도록 초대한다.

우리의 좌우명은 "물어라—이야기해주지 말라"이다. 탐구하기를 통해, 우리는 그들의 싸움의 사이클에 경험적으로 살을 붙여 구체화시키고, 그들이 싸움의 예측 가능성과 반복적인 성격을 인지하도록 돕는다. 또한 우리는 각 파트너들이 하는 말을 반영하며, 그들의 자율신경계 각성 수준에 주목한다. 너무 높아지면 우리가 개입한다.

마지막으로 우리는 가능성의 초대장을 발부한다. 즉, 우리는 파트너들에게, 서로 반응하는 방식에서 덜 반응적이며 더 많은 선택지를 가지고 있다고 상상해보라고 권한다.

- "파트너의 반응에 상관없이, 만약 두 분이 중심을 잡고 자신이 원하는 것과 필요한 것을 대변할 수 있다면 어떡하시겠습니까?"
- "만약 당신이 덜 반응적이고, 더 친근하며, 이 중요한 대화에서 반응하는 방식에 대해 더 많은 선택지를 가지고 있다고 생각한다면 어떡하시겠습니까?"
- "만약 우리가 무언가를 하여, 두 분 모두 덜 반응적이 되고, 더 많은 능력을 부여받은 것처럼 느끼며, 더 희망적인 상호작용을 하도록 도울 수 있다면, 두 분은 관심을 가져보시겠습

니까?"

- "소통 장애 발생 시 각자의 반응 방식에서 더 많은 선택지를 가질 수 있도록 제가 도와드릴 수 있다면 두 분은 관심을 가져보시겠습니까?"

부부의 상호작용을 추적하면서 우리는 또한 네 가지 유-턴 질문을 제시한다. 이 질문들은 그들이 내면에 조심스럽게 귀를 기울이며 부분들을 알아갈 수 있도록 설계된 것이다. 이러한 특정 질문들은 이 매뉴얼 전반에 걸쳐 우리가 예시하는 많은 유-턴 질문의 일부이다. 파트너들이 대답할 수 있도록 해주기 위해, 우리는 각 질문을 설명한다(여기 제시된 설명은 IFIO 트레이너 케이트 링그렌이 개발하였다).

1. "파트너가 X(어떤 행동/말)를 할 때, 당신 내면에서 어떤 일이 일어나나요?"
   - 설명 : "두 분의 반응성은 두 분의 취약점에서 나옵니다. 만약 제가 한 분 한 분을 덜 취약하고 덜 반응적이 되도록 도와드리면, 두 분은 각자가 그리고 함께 여러 선택지를 갖고 있다는 것을 아시게 될 겁니다. 파트너에게 초점을 맞추기보다는, 한 분 한 분이 내면에서 자신의 취약성에, 그리고 자신의 부분들이 어떻게 안전을 유지하려고 애쓰는지에 초점을 맞추도록 도와드리겠습니다. 저는 특히 치료 초기에 이렇게 하겠습니다."
2. "그때, 당신은 몸에서 어떤 것이 감지되나요?"
   - 설명 : "파트너가 X(어떤 행동/말)를 할 때 신체적으로 어떤 일이 일어나는지 주목해주십시오. 그것이 당신의 도움을 필요로 하는 반응적인 부분들의 위치를 확인하는 데 도움을 주기 때문입니다."
3. "당신의 첫 번째 충동은 무엇인가요?"
   - 설명 : "당신의 첫 번째 충동에 주목해주십시오. 왜냐하면 보호적인 부분들이 감지된 위협에 대해 도망가거나, 싸우거나 얼어붙는 것으로 반응하기 때문입니다. 당신이 이 중에 어느 한 방식으로 반응하는 부분들을 감지할 때는 그들이 당신을 감지하는 것입니다. 당신을 감지하는 것은 어떤 부분이 당신에게서 분리되기 위해 취할 수 있는 첫 번째 단계입니다. 부분들이 분리되는 즉시, 당신은 더 넓은 공간을 느끼고, 빠르게 반응해야 한다는 압박감을 덜 느끼며, 그들을 더 잘 도와줄 수 있으며, 다른 사람들이 경험하고 있는 것에 대해 더 많은 호기심을 갖게 됩니다."
4. "당신은 자신이나, 당신의 파트너, 혹은 이 관계에 대해 스스로에게 뭐라고 말하는가요?"
   - 설명 : "당신은 자신과 다른 사람에 대해 스스로 뭐라고 이야기하는지 들어보십시오. 보

호적인 부분들은 우리들에게 이야기를 해줌으로써 우리를 안전하게 보호해주려 애쓰기 때문입니다. 비록 그들은 좋은 뜻에서 하는 것이지만, 그들의 이야기는 보통 과거 경험으로 채색되어 있어 현재에 대한 우리의 견해를 심각하게 왜곡시킬 수 있습니다. 우리의 목표는 당신이 당신의 이야기하는 부분들과 친해지고, 불안을 느끼는 이 근본적인 문제를 해결함으로써 그들이 그렇게 열심히 일하지 않아도 되도록 하는 것입니다."

이러한 질문들은 강렬한 감정을 가진 보호자가 분리될 수 있도록 도와주므로, 파트너들은 자신들의 자율신경계를 조절하며, 공격하거나 무너지지 않고 자신들의 진실을 말할 수 있게 된다.

---

## 갈등의 패턴을 추적하기

제인과 도란은 50대 중반의 레즈비언 아프리카계 미국인 부부였다. 그들은 18년 동안 사귀었고 결혼한 지는 10년 되었다. 제인은 가끔 그들과 함께 살았던 이전 파트너와의 사이에서 낳은 십 대 아들이 있었다. 그러나 그들은 둘 사이에 자녀를 두지 않기로 하였다. 두 사람은 의료 전문가로 일하고 있었다.

제인과 도란의 다음 대화는 부부 갈등의 순서를 추적하는 방법을 보여준다.

제인 : [빙그레 웃으며] 아마도 선생님은 오늘 저 사람을 고칠 수 있겠지요.

도란 : 농담하고 있는 거겠지만, 저 사람은 오히려 제가 고쳐져야 한다고 생각하고 있어요.
[제인을 향해] 제인, 내가 정말 원하는 건, 너와 더 많은 시간을 보내는 거야.

제인 : 그게 무슨 말이야? 나는 당신과 많은 시간을 보내잖아. 하지만 기억해, 내가 대부분의 돈을 벌고 있지만, 우리는 빚에 허덕이고 있어.

치료사 : [제인에게] 도란 씨가 "너와 더 많은 시간을 보내고 싶다"고 했을 때, 당신 내면에서 어떤 일이 일어났나요?

> 도란에 대한 자신의 반응에 호기심을 가져보도록 제인을 초대하는 유 - 턴 질문하기

제인 : 내가 방어적이 된 것 같아요.

치료사 : 제가 이렇게 다시 말해 볼게요. "나의 한 부분이 방어적이 되었네요." 알겠지요?

부분 언어를 고수하기

제인 : 그게 어떤 차이가 있나요?

치료사 : 큰 차이가 있을 거라고 생각해요. 그러나 한번 시험해보고, 제 말이 맞는지 당신
이 이야기해주세요.

말로 이야기하는 것보다 보여주는 것을 선택하기

제인 : 좋아요. 나의 한 부분이 방어적이 되었어요.

치료사 : 몸에서 어떤 것이 감지되고 있나요?

표적 부분을 고정시키기

제인 : 가슴이 꽉 조이네요. 분노가 감지돼요.

치료사 : 그리고 당신이 스스로에게 하는 말이 들리나요?

파트너들이 취약성이나 투사에 귀를 기울이도록 돕기

제인 : 난 결코 저 사람을 제대로 이해하지 못하겠어.

치료사 : 당신은 결코 제대로 이해하지 못하겠다는 느낌이군요. 그건 힘들거나 고통스러
울 것 같네요.

저변의 감정에 대해 확인하고 호기심을 갖기

제인 : 네, 그래요.

치료사 : 제가 듣기에는 당신이 화가 나고 방어적인 느낌을 갖고 있는 것 같아요. 다른 감
정들은 없나요?

내담자가 내면을 계속해서 체크할 수 있도록 시간을 주기

제인 : [잠깐 쉬며] 상처받은 느낌이에요.

치료사 : 여러 부분들의 이야기를 듣고 있는 것 같아요. 제가 이것을 제대로 이해하고 있
는지 볼게요. 분노하고, 방어적이고, 상처받고, 또 어떤 부분은 이렇게 말하네요.
"난 제대로 이해할 수 없어."

성찰하고, 개요를 제공하며, 동의 또는 이견이 있는지 다시 체크하기

제인 : 네, 맞아요.

치료사 : 그리고 이 모든 일이 당신 내면에서 일어나고 있을 때, 당신은 도란 씨에게 어떤 행동이나 말을 하나요?

> 행동을 상세하게 묘사하기

제인 : 난 그냥 그 자리를 피하고 싶어요.

치료사 : 그리고 당신은 가버리나요?

제인 : 직장에 더 오래 남아 일하거나, 때로는 집에 가면 그냥 내 사무실로 올라가서 컴퓨터를 하지요.

치료사 : 당신은 뒤로 물러나는 것 같네요

제인 : 그래요.

치료사 : [도란에게] 당신은 뒤로 물러나는 제인의 부분을 알고 있나요?

도란 : 그럼요.

치료사 : 제인의 부분들이 제인을 데리고 나갈 때, 당신 내면에서는 어떤 일이 일어나나요?

> 호기심을 초대하기 위해 유 - 턴 질문하기

도란 : 인정하긴 싫지만, 화가 나서 큰 소리를 내지요.

제인 : [끼어든다] 저 사람은 비판적이 돼요

치료사 : [제인에게] 몇 분 동안 도란 씨의 이야기에 귀를 기울일 수 있도록 기다려달라고 부탁드릴게요. 사실, 상대방이 이야기하는 동안에는 두 분 다 발언을 보류해주시면 좋겠어요. 당분간 그것에 동의하실 수 있지요?

> 안전을 위해 계약하기

제인 : 좋아요. 알겠어요. 힘드네요.

치료사 : 당신 입장에서 볼 때 얼마나 힘든지 이해해요. 힘든 일을 해주셔서 고마워요.

> 경계를 유지하면서 보호적인 반응을 확인하기

치료사 : [도란에게] 그래서 당신에게 큰 소리를 내는 부분이 있나요?

> 부분 언어를 고수하기

도란 : 네, 큰 소리를 내기도 하고, 인정하기 싫지만, 요구사항도 많지요.

치료사 : 당신이 큰 소리를 내고, 요구사항이 많을 때, 당신의 몸에서는 어떤 일이 일어나나요? 그리고 당신이 스스로에게 어떤 말을 하는지 들리나요?

> 유-턴 질문하기

도란 : 내 스스로가 의아해하고 있는 소리가 들린다는 것을 인정해야겠네요. 내게 뭐가 잘못된 거지? 제인은 왜 나를 피하지?

치료사 : 당신은 지금 그 부분이 있다는 것을 알고 있나요?

도란 : 네, 배에 덩어리가 있어요. 기분이 좋지 않네요.

치료사 : 우리 잠시 그 부분과 연결하고 더 알아볼까요?

도란 : 이런 기분은 싫어요.

치료사 : 이것이 저한테는 충분히 이해돼요, 도란 씨. 제인 씨처럼 당신에게는 이 상호작용에서 두 가지 활성화된 부분들이 있는 것 같네요. 한 부분은 큰 소리를 내며 요구사항이 많은데, 다른 부분은 다음과 같이 말하네요. 제인이 날 피하는데, 내가 무엇이 잘못된 거지? 내가 제대로 이해하고 있는 건가?

> 확인하고, 똑같이 따라하며, 동의를 체크하기

도란 : 네, 맞습니다.

치료사 : 그리고 당신의 이 두 부분 사이에 어떤 관계가 있는 것 같네요. 당신 배 안의 덩어리가 커질수록 당신의 좌절한 부분은 더 큰 소리를 내고 더 요구사항이 많아지나요? [도란이 고개를 끄덕인다] 좋아요. 두 분에게 질문 하나를 하고 싶어요. 큰 소리를 내고 요구사항이 많아지는 이 부분에 대해 감을 잡기 위해 도란 씨, 당신부터 시작할게요. 그 부분이 그렇게 하지 않으면 어떤 일이 일어날 가능성이 있나요?

도란 : [잠깐 멈추며] 난 결코 저 사람의 관심을 끌지 못할 거예요. 우리는 단절 상태로 남아 있어 나는 결코 내 욕구를 충족시키지 못할 거예요.

치료사 : 그래서 이 부분이 제인 씨와 연결되어 있으려고 애쓰는 건가요?

도란 : 네, 그런 것 같아요. 그러나 그것이 정말로 효과는 없어요, 그렇지요?

치료사 : [제인에게] 당신은 이것을 알고 있었나요?

제인 : 물론 몰랐어요. 난 그냥 비판받는다는 느낌이에요.

치료사 : 그리고 뒤로 물러나는 부분은 어떤가요? 당신은 지금 그것이 있다는 것을 알고 있나요?

제인 : 난 아직도 그 부분이 느껴지기는 하지만, 도란이 방금 한 말을 들으니 말조심을 덜 하게 되네요.

치료사 : 그 부분은 어떤 것을 염려할 가능성이 있을까요? 그 부분이 당신이 그 자리에 있고 뒤로 물러서지 않도록 한다면?

제인 : [잠시 멈추며] 나는 그냥 계속 비판을 받고 있을 거예요.

치료사 : 그런 다음에는요?

제인 : 나는 계속 오해를 받는 느낌이겠지요.

치료사 : 그런 다음에는요?

제인 : 상처를 더 받겠지요.

치료사 : 저는 상처받고 있다고 느끼는 부분이 오히려 당신이 충분히 하고 있고 성공하고 있다고 하면서 충분히 이해받고 있다고 느낄 것 같다는 생각이 드네요. 저는 그렇게 들렸어요. 제 말이 맞지 않나요?

제인 : 말씀이 맞아요!

치료사 : 두 분에게서 들은 말을 되돌아보고 싶어요. 이것은 욕구와 관련된 딜레마 같아요. 제인 씨, 도란 씨가 당신과 더 많은 시간을 보내려 하며, 그녀의 부분들이 큰 목소리로 요구사항이 많아질 때, 그녀가 묘사하는 것처럼, 당신에게는 제대로 이해할 수 없다고 하면서 상처받는다고 느끼는 부분이 있어요. 그러면 당신은 스스로를 보호하기 위해 뒤로 물러서지요. 그리고 도란 씨, 제인 씨가 뒤로 물러서면, 당신은 언짢고 단절된 느낌이 들어 자신을 보호하기 위해 점점 더 큰 소리로 요구사항이 많아지며 그녀의 관심을 끌기 위해 애쓰지요. 이렇게 왔다 갔다 계속되면서 각자가 보호받는 느낌은 많아지지만 연결된 느낌은 줄어들지요. 이게 패턴처럼 들리시나요?

> 반응과 역반응의 순서와 패턴에 이름 붙이기

도란 : 확실히 패턴이네요.

제인 : [고개를 끄덕이며 동의한다] 절망적으로 느껴져요. 우리는 정말로 갇혀 있네요.

치료사 : 이 사이클 때문에 두 분이 절망적인 느낌을 갖는 것이 이해돼요. 하지만 두 분이 하고자 한다면, 패턴을 깰 수 있을 거예요. 두 분에게 질문을 하나 드릴게요. 두 분들이 반응적이라고 느낄 때 한 분 한 분이 반응하는 방법에 더 많은 선택지를 갖도록 도와드릴 수 있다면 좋지 않겠어요? [그들은 고개를 끄덕인다] 그리고 두 분이 보호적인 부분들이 바라는 바를 이해할 수 있다면, 좋지 않겠어요? [고개를 끄덕인다] 그리고 마지막으로, 이 반응과 역반응의 패턴을 바꾸도록 도와드릴 수 있다면, 두 분은 관심을 가지시겠어요?

**가능성의 초대장 발부하기**

제인 : 나는 관심이 있어. 당신은 어때, 도란?

도란 : 나도 분명히 관심 있어. 항상 말다툼하는 게 싫어.

우리는 부부들이 속도를 늦추고, 그들의 의견 불일치의 내용보다는 그들의 프로세스에 초점을 맞추기를 원한다. 다음의 워크시트, **갈등 가운데 있는 나는 누구인가?** 는 부부들이 그들의 갈등 패턴을 추적하도록 설계되었다. 파트너들이 자신의 보호자들로부터 더 많이 분리되어, 자신의 보호자들이 그 문제에 어떻게 기여하는지 더 많이 볼수록, 이 모든 보호 기능과 그들 자신의 취약성의 관계를 더 많이 이해하게 된다.

내담자 워크시트

# 갈등 가운데 있는 나는 누구인가?
## 순서 추적 워크시트

추적은 유-턴을 위한 토대를 마련하고 갈등에 관여하는 보호자들을 드러낸다. 그들이 어떻게 논쟁에 관여하는지에 익숙해짐으로써, 당신은 불편한 싸움의 패턴을 깨는 프로세스를 바로 시작할 수 있게 된다.

1. 당신은 파트너가 당신의 보호자들을 활성화시키는 말이나 행동하는 것을 볼 때, 어떤 것을 감지하였는가?

　　당신 몸에 어떤 일이 일어났는가?

　　_____

　　_____

　　당신은 스스로에게 어떤 말을 하는 것을 들었는가?

　　_____

　　_____

　　당신은 어떤 감정이 있다는 것을 알았는가? 만약 그렇다면, 어떤 감정인가?

　　_____

　　_____

　　당신의 첫 번째 충동은 무엇이었는가?

　　_____

　　_____

2. 그 사람과의 관계에서 당신은 어떤 말이나 행동을 하였는가?

　　_____

　　_____

3. 당신은 어떤 반응을 받았는가?

　　_____

4. 당신은 그것에 대해 어떻게 반응하였는가?

 

5. 당신이 한걸음 뒤로 물러서서 이 반응과 역반응의 사이클을 볼 때 어떤 것을 감지하였는가?

 

6. 당신은 어떤 것을 알게 되었는가:

   당신의 보호자의 임무나 역할?

 

   당신을 위한 보호자의 바람?

 

   그 부분은 얼마나 오랫동안 이 일을 해왔는가?

 

   그 부분은 이런 식으로 반응하지 않는 것에 대해 어떤 것을 두려워하는가?

 

   그 부분은 누구를 보호하는가?

 

7. 당신의 보호자는 이 순간 당신과 관계를 맺자고 한 당신의 초대에 어떻게 반응하였는가?

 

## 용기 있는 의사소통 : 대화를 바꾸어 관계를 바꾸기

부부는 잘 말하고 경청하는 법을 배움으로써 유익을 얻는다. 뇌과학은 우리에게 공감적 의사소통(empathic communication)이 뇌의 회로를 다시 연결하고(Siegel, 2007), 패턴화된 행동의 변화를 지원한다고 말한다. 공감적 의사소통은 다른 사람의 감정에 압도되지 않으면서, 다른 사람과 '함께 느끼는' 것을 의미한다. 우리는 공감할 때 상대방과 함께 느낀다. 그러나 우리는 상대방과 우리 자신을 혼동하지 않는다. "나는 당신에게 어떤 일이 일어나고 있는지 상상이 되며, 당신의 감정에 공명할 수 있습니다. 비록 내가 당신이 아니라는 것을 알지만, 나 역시 때때로 이런 감정을 느낍니다." 우리가 누군가에 대해 긍휼의 마음이 느껴질 때, 우리는 신경을 쓰며 염려한다. 우리는 부부들이 서로 공감하고 서로에 대해 긍휼의 마음을 느낄 수 있기를 바란다. IFIO에서 우리는 파트너들이 온전히 자타의 구별(self-other distinction)을 유지하여, 그들이 안전하게 공감하며 서로에 대해 긍휼의 마음을 느낄 수 있도록 돕는다. 알아주고 이해받는다는 느낌이 들면, 기분이 좋아지기 때문에 연결과 배려의 긍정적인 사이클이 시작된다.

그렇기는 하지만, 상처받고 화가 나서 당신의 행동이 끼친 영향을 묘사하는 사람에게 귀를 기울이는 동안 호기심과 열린 마음을 유지하기 위해서는 의지와 용기가 필요하다. 잘 말하고 경청하는 것은 둘 다 생리적 조절이 필요하며 어떤 수준의 기술과 인내를 요구하는데, 많은 부부들이 이를 함양할 기회를 갖지 못하였다. 정반대 입장에서, 공격하거나 쓰러지거나 당황하지 않으면서 상대방이 준 영향에 대해 진실하게 말하는 것도 용기가 필요하다. 좋은 의사소통을 위해서는 두 파트너 모두가 각자 자신의 이야기를 듣고 이해해 준다는 느낌이 들 때까지 대화를 유지하는 것이 필요하다. 하지만 보호자들이 차이로 위협받는다고 느낄 때는 그들이 이상과는 거리가 먼 방식으로 행동할 수 있다.

예를 들어, 보호자는 다음과 같은 이유로 귀를 기울이지 않을 수도 있다.

- 상대방의 관점에 의해 오염되는 것을 두려워함
- 경청을 동의의 신호라고 믿음
- 그들이 공평하게 대우받지 않으며, 반박할 기회가 없을 것이라 믿음

두려워하는 보호자들은 종종 다음과 같은 행동을 한다.

- 인식된 문제에 대한 해결방안을 찾기 위해 신속하게 움직인다.
- '불일치에 동의하는 것'으로 대화를 폐쇄한다.

- 경청을 중단하고 대응방안 마련에 초점을 맞춘다. 왜냐하면 경청은 동의의 신호라고 믿기 때문이다.

IFIO에서, 우리는 파트너들이 자신의 부분들에 채널을 맞추고, 부분들을 분리시켜 파트너에게 채널을 맞추고, 언어적으로, 그리고 비언어적으로 친밀감을 심화시키는 대역폭(bandwidth)을 확보할 수 있도록 돕는다. 경청은 진정시키는 강력한 행동이다. 그것은 보답으로 동일한 대접을 하도록 만든다. 아이러니하게도 누군가 들어주기를 갈망하는 부분들은, 또한 경청이 힘없는 것과 연관시키는 부분들에 의해 보호를 받는 경향이 있으므로, 경청하기를 거부한다(내 말에 상대방이 경청해주기를 바라면 먼저 자신이 상대방의 말에 경청하여야 하는데, 경청하는 것은 힘없는 것으로 생각하여 경청하지 않는다. 따라서 상대방도 내 말에 경청하지 않게 된다_역주). 그들은 영향을 받거나, 통제당하거나, 모욕을 당하거나, 자기 이야기를 누군가가 들어줄 기회를 갖지 못할까 봐 두려워한다. 그러므로 반복적인 갈등 패턴은 각 파트너가 주의 깊게 경청하지 않는 지속적인 내적 경험으로 인한 것이며, 이것은 능숙하게 말하지 않은 과거사와 연결된다.

싸우는 부부가 서로 비난하고 상처를 입히면서도, 그들은 내심 궁금해한다. "너, 내 말 듣고 있어? 내가 너와 함께 있어도 안전한 거야? 네가 내 욕구를 충족시켜줄 거야?" 그러나 그들은 자신들 안에 있는 이 말을 듣지 못한다. 왜냐하면 그들의 보호자들이 밖을 내다보며 다음과 같이 외치기 바쁘기 때문이다. "너를 믿지 못하겠어! 너는 안전하지 않아! 너는 내 욕구를 충족시켜주지 않을 거야!" 그 본질적이며 근본적인 질문들에 접근하기 위해, 우리는 먼저 보호자들이 진정할 수 있도록 돕는다. 우리는 그들에게 희망과 두려움에 대해 물어보는 것으로 시작한다. 우리는 그들의 말을 주의 깊게 경청한다. 경계하는 보호자들은 변화를 두려워하고, 화난 보호자들은 정의로운 분노의 에너지와 힘을 좋아한다. 우리는 이러한 부분들이 있는지 사전에 확인하고 그들의 말에도 주의 깊게 귀를 기울인다. 일단 그들이 누군가 자신의 말을 듣고 있다고 느끼면, 우리는 그들이 보호하고 있는 부분들을 도와주겠다고 제의할 수 있다.

보호적인 극단 조치가 안정 애착과 안전을 훼손하지만, 보호자들이 그것을 보는 방식은 그렇지 않다는 것을 유념한다. 그들은 시간 여행이 일반적인 정신 세계라는 한 영역 안에서 작동하며, 그들은 현재보다는 위험한 과거에서 시간을 더 보낼 수도 있다. 그들에게, 두려움이나 수치심과 같은 현재의 부정적인 감정들은 단지 과거부터의 이야기 흐름(storyline)을 강화한다. (예를 들면, "나는 공격당하고 있어!") 그에 따라 반응함으로써, 그들은 자신들이 막으려고 했던 종류의 상호작용을 재현하게 된다. 이런 식으로 보호자들은 우리 앞에 앉아 있는 파트너들 내면에서 과거가 계속 살아 활동하도록 만든다. 우리는 그들의 긴급성과 선한 의도를 존중하기도 하지만, 또한 그들이 그 자리에서 내려올 수 있도록 돕기도 한다. 특히 우리는 유-턴을 사용하여 안전하고 공손하며 용기 있는 의사소통을 할 수 있도록 준비한다. 보호자들이 자리에서 내려오면서 부부들은 자신들이 안전하게 다르며 힘든 대화를 생산적으로 가질 수 있다는 자신감을 얻게 되고, 이것은 결국 그들이 관계 가운데 살며 존재한다는 보다 열린 관점을 찾을 수 있게 해준다.

---

### 용기 있는 의사소통의 목표

- 분리하기와 공동 조절(co-regulation)을 촉진한다.
- 부부가 내용에서 프로세스로 안전하게 옮겨갈 수 있도록 지원한다.
- 보호적인 시스템이 다른 의사소통 방식이 안도감을 가져다줄 것이라는 사실을 신뢰하도록 도와준다.
- 취약한 부분들을 누군가가 보고 들을 수 있도록 초대한다.

---

분리한 후 각 파트너는 내면 탐구에서 돌아와 참자아 입장에서 경청하며 부분들을 대변하는 연습을 한다. 만약 파트너들이 매우 반응적이고 내면적으로 분화가 잘 되어 있지 않으면 이 프로세스는 느릴 수 있다. 그러나 시간이 지나면서, 전체 작업(자기 성찰, 열린 마음의 경청 및 분리된 화법)은 상대방의 경험에 대한 호기심과 함께 다른 관점을 가져도 위험하지 않다는 수용적 자세를 만들어낸다. 보호자들이 파트너의 차이가 자신들의 생존을 위협한다고 더 이상 믿지 않을 때, 대화는 자연스럽고 편해진다.

IFIO의 용기 있는 의사소통은 안전감을 증진시키고, 힘든 대인 관계 역동 아래에 있는 어린 시절의 상처를 드러내도록 설계된 이마고 대화 기법(Hendrix, 1988)을 차용한 것이다. 그러나 용기 있는 의사소통의 IFIO 버전은, 각 사람의 부분들과 참자아 사이의 관계를 함양함으로써, 이마고 프로세스에 내적 차원을 추가한다. 건강한 내적 분화와 애착으로, 파트너들은 서로에게서 보다 더 안전하게 분화된 느낌을 갖게 되고, 대인 관계의 안정 애착을 형성하는 행동을 더 잘 실천할 수 있게 된다.

용기 있는 의사소통을 위해서는 섬세한 경청과 책임 있는 자아개방이 필요하다. 능숙하게 경청하고 말하는 것 둘 다 필요하다. 내면 시스템이 싸우거나, 도망치거나, 무감각해지면, 그 누구도 현재 순간의 생각과 감정에 주의를 기울일 수 없다. 우리는 경청자 역할을 하는 사람에게 먼저 다음과 같이 하라고 요청한다. (1) 반응하지 않으면서, 파트너의 경험에 귀를 기울인다. (2) 대답하기 전에 기다린다. (3) 반대하거나, 자기공격(self-attack)에 관여하기보다는, 파트너가 말하고 있는 것에 진실이 있는지 생각해본다. 보호자들과 자율신경계가 긴장을 풀 수 있도록 돕기 위해, 우리는 경청하는 파트너에게 두려움을 표현할 수 있는 충분한 시간을 제공한다. 우리는 또한 그들이 필요할 때마다 대화 중간에 끼어들어 도움을 청하라고 권한다.

---

# 용기 있는 의사소통 : 제1부

## 능숙하게 경청하기

- 다른 사람이 당신이 끼친 영향을 묘사할 때 진정으로 경청(참자아 상태에서 경청)하는 것은 쉽지 않으며 용기가 필요하다. 우리는 경청자들이 파트너의 피드백이 객관적인 진실은 아니며, 파트너에 귀를 기울이는 것은 파트너 및 자신들, 그리고 그들의 관계에 대해 무언가를 배울 수 있는 기회라는 것임을 인식하도록 유도한다.
- 경청하는 동안 심호흡이 도움이 된다. 만약 경청자가 반응적이거나, 속이 상하거나, 화가 나거나, 상처 입는다고 느끼면, 그들은 프로세스를 늦추고 도움을 받을 수도 있다.
- 파트너의 반응인 행동 저변에 욕구를 가진 좀 더 취약한 부분이 도사리고 있다는 사실을 내담자에게 상기시키는 것이 도움이 된다. 참자아 입장에서 경청할 수 있도록 경청자의 부분들이 긴장을 풀 의사가 있는가? 그들이 여유가 있는가?
- 경청자는 어떤 것을 듣고 있는가? 그들은 이 피드백이 유용할 것이라고 상상할 수 있는가? 그들은 다음과 같이 자문할 용의가 있는가, *이 중 어떤 것이 진실처럼 들리고, 어떤 것이 그렇지 않은가?*
- 경청할 때, 경험자의 부분들이 경청자로 하여금 먼저 호기심을 갖게 하고 나서 참자아 에너지를 가지고 부분들을 대변하도록 할 의향이 있는가?

---

다음으로, 우리는 화자의 보호자들이 자신들의 두려움에 대해 말하도록 초대함으로써 화자를 지원한다. 보호자들은 종종 갈등, 무너짐, 조작, 왕따를 피하는 것으로 욕구를 충족시키려 하기 때문에 욕구에 대해 직접 말한다는 생각이 쉽지 않을 수 있다. 만약 그들이 이 초대를 수용한다면, 그들은 힘을 내려놓는다. 어떤 보호자들은 이것에 저항하기도 한다. 위협받아 섞인 보호자들은 화자의 자율신경계의 각성을 높여, 도망가거나, 폐쇄하거나, 반격하려는 충동을 일으킨다(Cozolino, 2008). 화자가 이 상태에 있을 때는 생각하거나 말할 수 없다. 그러므로 우리는 용기 있는 의사소통을 진행하기 전에 그들의 보호자들이 분리될 수 있도록 도와야 한다.

---

# 용기 있는 의사소통 : 제2부

## 능숙하게 말하기

- 참자아 입장에서 활성화된 부분들을 대변하기 위해서는, 우리가 현재 순간에 주의를 집중하고 시간을 갖고 우리의 부분들을 이해하여야 한다.
- 이것은 화자가 자신의 부분들이 가진 경험에 대해 다른 사람과 이야기할 수 있는 기회이다. 본질적으로, 그들은 상대방과 관계를 맺고 있을 때 내면에서 일어나는 것에 대해 이야기한다. 화자는 파트너를 평가하거나 비판하지 않는다. 또한 파트너를 개선시키거나, 좀 더 자각하게 하거나, 더 나은 사람이 되도록 돕고자 애쓰지도 않는다.
- 화자는 말하기 전에 목표를 생각해야 한다. 그들이 말하는 방식(부분들을 대변하기)은 그들이 능숙하게 말하여 결과에 영향을 주도록 한다.
- 화자는 시작하기 전에 파트너가 경청할 수 있는 여유가 있는지 물어보아야 한다.
- 화자에게 객관적인 실제가 아닌, 자신의 경험에 대해 이야기한다는 것을 상기시킨다.
- 화자는 말하기 전에, 내면을 체크하여 자신들의 시스템이 취약한 감정과 욕구를 탐구할 준비가 되어 있는지 확인하여야 한다. 만약 시스템이 준비되었으면, 그들은 욕구나 두려움을 대변할 수 있다. 그렇지 않으면, 치료사는 등장한 어떤 염려사항도 화자가 탐구하도록 돕는다.

감사와 인정은 화난 보호자들이 누그러지도록 하는 데 크게 도움이 된다. 특히 위협받는 보호자들은 우리가 조심스럽게 경청하고, 그들의 두려움을 확인하며, 그들의 역할에 감사할 때 좀 더 기꺼이 분리하게 된다. 또한 지속적인 도움을 제공함으로써, 상황을 안전하게 유지하기 위한 현재 전략에 대한 대안 제시도 도움이 된다. 본질적으로 우리는 그들에게, 그들 자신과 그들이 보호하는 시스템의 장기적인 더 큰 유익을 위해, 현재의 입장을 희생할 것을 요구하고 있으며, 그들은 결과에 자신감을 가질 필요가 있다.

## 화난 보호자가 분리될 수 있도록 돕기

1. 분노를 확인한다. 눈을 마주치고, 긍휼의 마음을 갖고, 현재의 순간에 주의를 집중한다. 보호자에게 직접 말한다.
   "이것이 당신의 경험이라면…"
2. 근본적인 욕구를 확인하고 공감한다. 분노 저변에 있는 추방자들을 본다. "누군가 당신의 이야기를 들어주었으면 하는 욕구는 충분히 이해됩니다…."
3. 행동에 도전하고 귀결에 이름을 붙인다.
   "이러한 식의 의사소통은 당신들이 바라는 것을 가져다주지 못합니다. 파트너가 당신 말을 듣거나, 당신이 원하는 식으로 반응할 가능성이 없습니다."
4. 대안을 제시하되 당신의 도움도 포함시킨다.
   "당신이 감정과 욕구를 대변하도록 제가 도와드려도 될까요?"

## 용기 있는 의사소통을 소개하는 로드맵

**1단계** : 경청하고, 사이클을 추적하며, 부부가 힘든 문제에 대해 다른 방식으로 이야기하도록 초대한다 (예 : "제가 도와드려도 될까요?").

**2단계** : 부분 감지기(parts detector)가 될 것을 약속한다(예 : "저는 두 분을 돕기 위해 여기 있습니다. 따라서 부분들이 압도하기 시작하면 대화의 속도를 늦추거나 중단하겠습니다").

**3단계** : 부부가 누가 먼저 말을 하고 누가 먼저 경청할지 협상하도록 초대한다.

**4단계** : 경청하고 싶어하지 않을 수도 있는 부분들을 감지하여 경청자가 준비하도록 돕는다. 경청자가 호흡을 하며 자신의 가슴을 감지하도록 독려한다. 경청자가 분리되어, 정서적으로 여유를 가질 수 있도록 돕는다.

**5단계** : 화자가 부분들을 분리하고 대변할 수 있도록 코치한다. 각 파트너가 자신의 부분들과 관계를 유지하도록 독려한다(예 : "당신 몸에서 어떤 것이 감지되고 있습니까?"). 내용이나 해결책을 찾도록 돕는 일에 사로잡히지 않도록 한다. 당신이 한 파트너가 분리되어 부분들을 대변하도록 돕는 동안 다른 파트너에게 기다려 달라고 요청해야 할 수도 있다(예 : "그 부분을 분리시키고, 당신으로 하여금 그 부분을 대변하게 한다면, 이 부분은 어떤 일이 일어날까 봐 염려하고 있습니까?"). 두 파트너의 부분들이 갖고 있는 경험과 감정을 확인한다. 보호자들을 단호하게 그리고 친절하게 대한다.

**6단계** : 적절한 경우, 화자가 취약한 감정이나 어린 시절의 상처를 대변하는 방향으로 나아가도록 독려한다(예 : "이런 감정들에 익숙하십니까? 당신의 어린 시절을 떠올리게 하는 사건이 있습니까?").

**7단계** : 경청자가 가슴으로부터 공감하는 반응을 할 수 있도록 돕는다. 어떤 한 부분도 다루지 않고 그냥 놔두어서는 안 된다. 경청자에게 사용할 수 있는 몇 가지 질문 및 요청 사항은 다음과 같다.

- "당신이 방금 들은 내용의 핵심을 표현하실 수 있습니까?"
- "이 정보 중 어떤 것이라도 이해가 되십니까? 어떤 방식으로요?"
- "당신의 가슴은 어떻게 말하고 있습니까?"

만약 경청자가 화자에게 공감하지 않으면, 당신(치료사)이 직접 공감을 제공한다. 공감적 진술문(empathic statement)의 예는 다음과 같다. "내가 듣고 있는 것의 본질은…" 그리고 "…은 내게 충분히 이해가 됩니다." 내담자의 자아개방을 이해와 미러링(똑같이 따라하기), 인정으로 맞이하는 것이 중요하다. 그렇지 않으면 깊은 수치심을 가진 반응, 아마도 보호 적응 반응(protective adaptive reaction)이 뒤따를 가능성이 있다(Siegel, 2003).

**8단계** : 일단 화자가 경청자(또는 치료사)로부터 공감적인 반응을 받으면, 경청자에게 내면에 주의를 기울이라고 요청한다.

**9단계** : 화자를 다시 체크한다. 화자가 반응을 받아들였는가? 그것이 영향을 주었는가? 대변해주었던 부분들이 이해받은 느낌을 갖는가? 더 이야기할 것이 있는가? 화자는 충분하게 느껴 더 추가할 것이 없을 수도 있고, 감동받아 반응할 수도 있다.

**10단계** : 시간이 있으면 경청자와 화자가 역할을 바꾸게 한다. 역할을 바꿀 때, 필요하면 부부에게 경청자와 화자 각각의 임무에 대해 상기시켜준다. 두 파트너가 준비되면, 방금 경청하고 있었던 파트너에게 자신의 부분들을 대변하도록 요청한다.

## 용기 있는 의사소통으로 힘든 대화의 장을 마련하기

마크와 마테오는 유럽계 미국인으로 아이가 없는 동성애자였다. 15년 전 관계가 시작될 때, 그들은 관계 밖에서 각자 성적 활동을 할 수 있다는 합의를 했었다(만약 그들이 안전한 성행위를 하고 서로에게 감정적 또는 신체적 친밀감을 안 주지만 않는다면). 그들은 12년간의 파트너십과 3년간의 결혼 생활 내내 이 관계를 유지해왔다. 마테오는 최근 암 투병 끝에 완전히 회복되었다. 마크는 치료와 회복 과정 내내 도움을 주었고 곁을 지켰다. 이제 그들은 성에 대한 힘든 대화를 할 때 의사소통을 개선하고 성공감을 느끼기 위해 구체적으로 치료를 받고자 하였다. 그들의 사이클은, 반응적인 보호자들이 누군가 들어주었으면 하고 불붙어 싸우는 것으로 시작하는 경향을 보였다. 마테오의 이어지는 반응은 뒤로 물러서는 것이었으나, 마크는 추격하는 보호자를 갖고 있었다. 대화가 위협적으로 느껴질 때, 그들은 어느 누구도 잠시 멈추고 재조율하여 끝낼 수 있을 만큼 자신들의 신경계를 충분히 조절할 수 없었다.

다음의 대화에서 치료사는 네 가지 유-턴 질문을 사용하여 용기 있는 대화의 장을 마련한다. 일반적으로, 유-턴 질문은 파트너들이 자신의 부분들이 갖고 있는 감정, 욕구 및 욕망을 감지하도록 유도함으로써 부분들이 분리되도록 도와준다. 우리는 부부가 힘들 가능성이 있다고 판단한 대화라면 어떤 대화든지 시작할 때, 이 네 가지 유-턴 질문을 한다.

> 치료사 : 두 분은 두 분의 성적인 관계에 대해 말하고 듣는 것을 도와 달라는 요청을 하셨지요. 상황이 변하고 있고, 그것에 대해 이야기하는 것이 쉽지 않았다고 들었어요.

마테오 : 네.

마크 : 그렇습니다.

> 치료사 : 바로 본론으로 들어가기 전에, 앞으로 있을 대화에 대해 염려하는 두 분의 부분들을 찾아내고 이해하기 위한 간단한 실험을 해보도록 하지요. 먼저 두 분이 말하기 전에, 두 분 모두 내면에 귀를 기울이는 것으로 시작합니다. 두 분이 내면에 귀를 기울이고 성적인 관계에 대해 이야기를 시작한다고 생각할 때, 두 분은 어떤 부분들이 감지되나요?

> **첫 번째 유-턴 질문**

마크 : 불안감이 느껴져요.

> 치료사 : 어떻게 몸에서 그걸 알아차리시나요?

> **자율신경계 활성화 및 섞임 수준을 체크하기**

마크 : 배가 조이는 느낌이에요.

> 치료사 : 마테오 씨는?

마테오 : 저도 배가 조이는 느낌이에요. 하지만 불안보다는 두려움이 더 많이 느껴진다고 말하겠어요.

치료사 : 두 분 다 지금 서로에 대한 이런 감정, 즉 이런 부분들을 대변할 여유가 있나요?

마테오 : [마크에게로 향하여] 어떤 의미가 있을지 정말로 두려워, 솔직히 말하면. 나는 바뀌고 있어. 암이 나를 변화시켰어. 너무 많은 것들이 다르고, 나는 어떤 일이 일어날지 몰라. 내가 이 말을 하면서도 두려움이 점점 커지는 것이 느껴져.

치료사 : 마테오 씨, 속도를 늦추며 두려움을 감지해보시지요. 그 부분이 당신 몸 어디에 있나요?

마테오 : 정말로 온몸 전체예요. 사라지고 싶은 충동이 올라와요.

치료사 : 좀 더 말해주실 수 있나요?

마테오 : 남겨짐… 거절당함에 대한 두려움인 것 같아요.

치료사 : 이해가 되나요?

마테오 : 이해가 됩니다.

치료사 : 좋아요. 당신이 이해했다고 그 부분에게 알려주세요. 그 부분이 당신이 곁에 있음을 느끼고, 장악하지 않기 위해서는 어떤 것이 필요한가요?

마테오 : [숨을 몇 번 쉬고 나서] 사실 괜찮아요. 우린 한동안 이런 대화를 나눌 필요가 있었어요. 두렵지만, 난 마크를 믿어요. 그리고 우리는 벗어날 수 있을 것이라고 믿어요.

마크 : 뛰어들어서 실패하기보다는 속도를 늦추는 것은 도움이 돼요. 그런 식으로 우리는 교착 상태에 빠지지요.

치료사 : [마크에게] 당신의 불안은요?

마크 : 우리가 서로 다른 것들을 원할까 봐 두려워요.

치료사 : 그런 다음에는요?

마크 : 관계가 나빠지겠지요.

치료사 : 그런 다음에는요?

마크 : 궁극적으로, 우리는 함께 있지 않을 거예요.

치료사 : 그리고…

마크 : 난 그걸 원치 않아요.

치료사 : 제가 듣기에, 두 분은 단절에 대해 불안해하는 부분들이 있군요. 마테오 씨, 당신의 부분들은 거절을 두려워하고 있고, 마크 씨, 당신의 부분들은 관계가 끝나는 걸 두려워하고 있어요. 제가 제대로 이해하고 있는 건가요?

마테오 : 네, 맞습니다.

　치료사 : 이 모든 염려사항을 고려할 때 성에 대해 이야기하는 것이 쉽지 않을 것이라는 게 이해가 되나요?

마크 : 이제 좀 더 이해가 되네요.

　치료사 : 좋아요. 두 분에게 두 번째 질문을 드리지요. 두 분은 이에 대해 충분히 경청하거나 말한 적이 없었어요. 그것으로 두 분은 어떤 대가를 치렀나요? 다시 한번, 시간을 내어 내면에 귀를 기울여보세요. 준비가 되면 두 분이 감지한 부분들을 대변해주세요.

　　두 번째 유-턴 질문

마크 : 내면에서 들리는 것은 나는 아무것도 모른다고 하는 소리예요. 무슨 일인지 모르겠어요. 난 지금까지 마테오에게 무슨 일이 있냐고 묻는 것을 피했어요. 내가 뭔가를 포기해야 할 것 같고, 화가 날 것 같아 걱정하고 있기에 나는 아무 말도 하지 않아요.

　치료사 : 화가 나면 뭐가 제일 나쁠 것 같나요?

마크 : 화가 날 때는 일이 잘 풀리지 않아요.

　치료사 : 그러면 느끼는 것을 표현하지 않는 것에 대한 대가는요?

마크 : 쌓이면 짜증이 나지요.

　치료사 : 고마워요. [마테오를 향하여] 당신은 어떤 감정을 감지하셨나요?

마테오 : 화난 부분은 아니고, 내가 마주하고 싶지 않은 다른 감정들이요.

　치료사 : 그러면 그들을 마주하지 않는 대가는요?

마테오 : 내 앞에 닥친 일은 무엇이든 그냥 계속 진행해 나가지만, 감정은 쌓여요.

　치료사 : 당신 감정에 대해 이야기하지 않는 것이 파트너에게 어떤 영향을 주나요? 그것이 두 분 관계에 어떤 영향을 미치나요?

　　세 번째 유-턴 질문

마크 : 거리감이지요.

마테오 : 거리감, 회피, 그리고 피상적인 대화가 돼요.

마크 : 맞아요.

　치료사 : 단절된 느낌인가요?

마크 : 네, 단절된 느낌이에요.

　치료사 : 이런 대화를 갖고자 하는 의도는 무엇인가요?

> 네 번째 유-턴 질문

마테오 : 아, 누군가 제 이야기를 듣고 이해해주었으면 좋겠어요. 그리고 궁극적으로, 마크도 괜찮아지고, 관계도 괜찮아지면 좋겠어요.

마크 : 나도 마테오를 이해하고 싶고, 관계도 온전히 유지되면 좋겠어요.

　치료사 : 그 두려움이 이해되네요.

마크 : 내가 방금 들은 나의 혼잣말은 도대체 무슨 일인지 모르겠네 하는 소리예요. 알아보는 게 아마 도움이 될 것 같아요. 그래서 내 목표 중 하나는 화내지 않고 경청하는 거예요.

마테오 : 나는 소리 높여 말해야겠어요. 그건 확실해요. 내게는 눈에 보이는 모델이 별로 없어요. 나는 엄마와 할머니 손에서 자랐습니다. 매우 강한 두 여성이었지만, 그분들은 위협을 느끼면 입을 꼭 다물고 있었습니다. 그게 규칙이었어요.

　치료사 : 좋아요. 먼저, 두 분 모두 또 한 번 잠시 내면을 체크해주세요. 호흡과 신체 경험의 어떤 변화, 즉 싸우거나 떠나고 싶은 어떤 충동이 있는지 감지해보세요.

> 자율신경계 활성화 및 섞임 수준을 체크하기

마테오 : 마음이 한결 편안해졌어요. 덜 두려워졌어요. 그 위협을 느꼈던 부분들이 내게 어느 정도 여유를 주는 것 같아요.

> 분리하기의 경험을 말로 표현하기

마크 : 내가 어떤 말을 듣게 될지 모르기 때문에 아직도 불안하기는 하지만, 강도는 약해요.

　치료사 : 당신 몸에서 어떤 것이 감지되나요? 배 안에서요?

마크 : 많이 편해졌어요.

　치료사 : 마테오 씨, 사라지고 싶은 충동은 어떤가요?

마테오 : 오랜만에, 좀 더 현재 순간에 주의를 집중할 수 있는 것 같아요.

　치료사 : 좋아요. 두 분 생각에, 서로에게 말하고 경청하는 것이 이 상태에서 어떻게 될 것 같은가요?

마크 : 훨씬 나아졌어요. 하지만 우리끼리 있을 때는 어떻게 이 상태에 도달할 수 있을지 모르겠네요.

치료사 : 물론, 모르실 거예요. 그렇기 때문에 우리가 천천히 시작하고, 진행해 나가면서 분리하기를 연습하는 것이지요. 우리가 두 분의 부분들이 편안해하도록 도움으로써, 두 분은 부분들에게 어떤 일이 일어나고 있는지를 대변하고, 서로에게 감정적으로 반응(reacting)하는 것이 아니라, 생각하며 반응(respond)할 수 있게 될 거예요. 우리 한번 해볼까요? [둘 다 동의한다]

일단 내담자들이 이런 유-턴 질문을 받고 나면, 그들의 경계심 많고, 염려하는 부분들은 기꺼이 분리하고자 할 수 있게 되고, 그때 부부는 그 용기 있는 대화를 가질 수 있게 된다. 여기 마크와 마테오처럼.

치료사 : 마크 씨, 당신은 마테오 씨에게 어떤 일이 일어나고 있는지 경청할 수 있는 여유가 생긴 것 같다고 했지요. 아직 그러신가요?

마크 : 그렇습니다.

치료사 : [마테오에게] 그리고 마테오 씨, 제가 도와드릴테니, 대화를 시작할 준비가 되셨나요?

마테오 : 도와주신다고요? 좋습니다. 제 마음이 편안해지는 것 같아요.

치료사 : [마크에게] 다시 내면을 스캔해보시고 경청하는 것에 대해 어떤 염려 사항을 갖고 있는 부분들이 있는지 살펴보세요.

마크 : 말씀드렸듯이, 제게는 마테오가 제가 하고 싶지 않은 일을 하라고 요구할까 봐, 즉 제가 아직 준비되지 않았는데 고치라고 요구할까 봐 두려워하는 부분이 있어요.

치료사 : 그래서 이 부분은 당신이 하고 싶어하지 않는 일을 해야 할까 봐 걱정하고 있나요?

마크 : 네.

치료사 : 오늘과 다음 두 회기 정도는, 욕구에 대한 요청과 협상은 밀어놓고, 서로에게 정말로 경청하는 것에 집중할 수 있으면 어떨까요?

마테오 : 그건 우리에게 힘들어요. 우리는 정말로 문제의 핵심에 빨리 도달하여, 어떻게 해야 할지를 알아내면 좋겠어요.

치료사 : 그러면, 빨리 도달하고자 하는 부분이 갖고 있는 바람은 무엇인가요?

**또 다른 유-턴 질문**

마테오 : [잠시 침묵이 흐른 후] 바람은 빨리 효과가 있는 전략을 세워, 우리가…

마크 : [끼어들며] 최소한도 우리 둘 다 뭔가를 얻고 싸우지 않는 거예요.

마테오 : 하지만 결국 그건 우리가 방금 이야기하고 있었던 것으로 되돌아갑니다. 우린 아무런 진척도 이루지 못하거나, 싸우게 돼요.

치료사 : 바로 그거예요! 그럼 이제 다른 걸 시도해보는 건 어떻게 생각하세요? [그들이 고개를 끄덕인다] 마크 씨, 내면을 체크해보세요. 그리고 마테오가 말하기 전에 당신이 진정으로 그렇다는 답을 받았는지 보세요.

마크 : [몇 초간 눈을 감았다가 뜬다] 좋아, 마테오, 이야기를 들어보자! 정말로 듣고 싶어.

마테오 : [미소 지으며] 나도 그렇게 생각해.

치료사 : 마테오 씨, 당신이 말하기 전에, 당신은 지금 부분들을 대변하고 있다는 사실을 기억하도록 하세요. 마크가 지금 당신의 어떤 것을 이해해주었으면 하고 당신이 바라는지. 만약 두 분 중 한 사람이라도 장악당하거나 감정에 휩싸이는 것 같으면, 전체적으로 속도를 늦추어 당신들이 분리되도록 도와드릴게요. 어떠세요?

**'부분 감지기'가 되기로 약속하기**

마테오 : 좋습니다.

마크 : 아주 좋습니다.

치료사 : 마테오 씨, 말할 준비되셨어요?

마테오 : 내가 진단받고 일어난 모든 사건 이후로, 나한테는 섹스에 관한 무언가가 바뀌었어. 내 성적 욕구는 예전 같지 않아. 난 내가 누군지 다시 생각하고 있어. 난 정말 운이 좋았어. 암 진단을 받은 모든 사람이 살아남아 나처럼 삶을 계속하는 것은 아니야.

마크 : [고개를 끄덕인다] 눈치 챘어.

마테오 : [얼굴을 찌푸린다] 이거 너무 어색한데. 특히 제3자 앞에서는.

치료사 : 물론이지요. 계속하실 수 있나요?

마테오 : 이런 변화가 우리 관계에 크게 영향을 미칠까 봐 정말 걱정되네요.

마크 : [끼어들면서] 크다니 어떻게?

　치료사 : 마크 씨, 방금 무슨 일이에요?

마크 : 와! 내가 줄 수 없는 걸 마테오가 내게 요구할까 봐 두려워하고 있는 부분이었던 것 같아요.

　치료사 : 그 부분을 안심시켜주시겠어요? 지금은 그냥 경청만 하고 계세요.

마크 : 네, 그 부분이 안정을 되찾고 있어요. 미안해, 마테오.

마테오 : 나는 네게 아무것도 요구하지 않아. 네게 무언가를 요구하는 것은 고사하고, 나는 나 자신도 잘 알지 못해. 마크, 나는 두려워. 두렵다고!

　치료사 : 이 두려움에 대해 더 말해주실 수 있나요?

마테오 : 난 내면이 혼란스러워요. 잘 모르겠어요.

　치료사 : 당신이 그 부분에 대해 좀 더 많은 정보를 얻도록 우리가 잠시 혼란스러운 감정을 유지해볼까요?

마테오 : [눈을 감고 뒤로 기댄다] 내 머릿속에서는 이 대화가 삶과 죽음, 그리고 우선순위의 변화에 대한 이야기가 되는 것 같았어. 여전히 그럴 가능성이 있지. 하지만 지금 내가 알고 있는 것은 손상된 물건 같은 느낌이야.

마크 : 아이구, 저런. [맞은 편 소파에 있는 마테오의 손을 잡으며] 네가 그렇게 생각하다니 정말 미안해!

마테오 : [눈물을 글썽이며] 내가 다시 건강하고 튼튼한(섹시하고, 바람직한) 느낌이 들 수 있을지 궁금해.

　치료사 : 지금 말하고 있는 부분을 알고 있나요, 마테오 씨?

마테오 : 네, 압니다.

　치료사 : 마크 씨에게 계속해서 그 부분을 대변해도 괜찮겠어요?

마테오 : [마크를 보며 미소 짓는다] 마크가 그 자리에 있네요. 계속해서 그에게 말할 수 있을 것 같아요.

마크 : 나는 괜찮아. 나는 전혀 몰랐어. 나는 정말로 듣고 있는 거야.

공동 조절

우리의 임무는 파트너들은 자율 조절(self-regulation), 부부는 공동 조절(co-regulation)이 이루어지도록 지원하는 것이다. 이 회기에서는 치료사는 먼저 네 가지 유-턴 질문을 사용하여 마크와 마테오가 분리되고, 경청하며, 달리 말하도록 도와주었다. 그들은 속도를 늦춰 내면을 경청하고, 그들의 부분들이 가장 위협적이라고 생각하는 것에 대해 서로 귀를 기울이면서, 그들의 경계심 많고, 조심스러운 보호자들은 더욱 분리되었다. 그러나 경청하는 것이 보호적인 부분들에게는 무서울 수 있기에 마크와 마테오의 보호자들은 때때로 다시 불쑥 뛰어들었다. 이를 예상하고 치료사는 마크(경청하는 파트너)에게 '진정한 승낙', 즉 내면의 다른 부분들로부터 아무런 제한이 없는 승낙을 받고 있는지 물었다. 이 질문은 경청하는 사람이 이의가 없는지 조심스럽게 스캔할 수 있도록 해준다. 시간을 갖고 경청자의 염려하는 부분들과 연결함으로써, 그들은 다시 편안해지게 된다. 마테오와 마크는 조절 장애를 겪지 않고 이야기하는 것을 경험하면서, 그들이 바랐던 만큼 정직하고 취약해질 수 있었다.

# 부부가 힘든 대화를 시작할 수 있도록 돕기

이 유인물에서는 더 많은 유-턴 질문을 자세히 설명하며, 치료사들이 파트너들이 분리되어, 자신들의 부분들을 대변하며, 참자아 입장에서 경청하도록 돕는 과정을 예시한다. 이러한 질문들은, 부부들이 자기 공격을 하거나 파트너에게 상처를 주지 않으면서 어떤 종류의 힘든 대화라도 진행해 나갈 수 있도록 그 방법을 가르쳐준다. 만약 어떤 특정 대화가 미리 두려움을 유발한다면, 그 대화를 갖는 것에 대해 이야기하는 것으로 시작한다.

**첫 번째 질문**

- 내면 체크 : "이런 힘든 대화를 한다고 생각하면 어떤 것이 올라오나요? 어떤 부분들이 활성화되나요? 그들의 염려사항은 무엇인가요?"
- "당신의 부분들 입장에서 말하는 대신(예 : 나는 내 분노를 알아보는 것이 불안해요), 당신의 부분들을 대변해보세요(내게는 내가 왜 그렇게 화가 나는지 알아보는 것을 불안해하는 부분이 있어요).

**두 번째 질문**

- 내면 체크 : "소리 높여 이야기하지 않고, 이 대화를 성공적으로 갖지 못한 대가는 무엇인가요? 또 당신의 부분들을 대변해보세요."

**세 번째 질문**

- 내면 체크 : "당신의 부분들은 파트너에게 어떤 영향을 미치나요? 그 영향을 고려하면서 당신의 부분들을 대변해보세요."

**네 번째 질문**

- 내면 체크 : "이 대화를 하려는 당신의 의도는 무엇인가요? 당신은 당신과 파트너, 그리고 당신의 관계를 위해 어떤 결과를 원하나요? 부분들의 의도에 대해 부분들을 대변해보세요."

---

# 용기 있는 의사소통 도구 상자 : 내담자를 위한 팁

- 보호자들을 분리하는 것이 성공적인 의사소통의 핵심이다. 분리하기 위해서는 유-턴을 실험한다. 이 반응성의 어느 정도가 당신이 기여한 것인가? 파트너는 어느 정도 기여하였는가?
- 잘 말하고 듣기를 연습할 수 있는 날짜를 정한다.
- 취약하게 당신의 부분들을 대변하도록 한다.
- 당신이 경청할 수 있도록 당신의 보호자들을 누그러뜨리는 실험을 한다.
- 파트너의 감정과 경험을 인정한 후 당신 자신의 이야기를 한다.
- 남 탓하는 언어를 수정하고, 당신 자신의 감정과 욕구를 대변하는 연습을 한다.
- 만약 당신이 압도당하는 느낌이 있으면, 잠시 멈추었다가 20분 후에 다시 대화로 돌아온다.
- 요청할 때, 타이밍에 주의한다. 지금이 이 주제를 꺼낼 수 있는 좋은 순간인가?
- 당신이 내키지 않더라도 파트너의 경험을 이해하는 연습을 한다.
- 더 나은 의사소통을 위한 작은 시도에도 감사와 인정으로 보답한다.

---

## 용기 있는 의사소통으로 정서적 욕구를 다루기

인간은 친밀한 관계에서 애착, 유대, 사랑, 안정감을 느끼고자 하는 생물학적 욕구를 가지고 있다. 우리가 알다시피 아기는 안전하게 연결된 상호작용을 통해 행복하게 성장한다(Siegel, 2003). 마찬가지로, 친밀한 관계는 정서적인 욕구가 충족될 때 깊어진다. 그러나 내담자들이 자신의 정서적 욕구를 인정하고 요청을 하지만, 그에 대한 반응으로 수치를 당할 때, 무언가 부족함과 분노의 느낌을 갖게 될 가능성이 높다. IFIO 치료의 맥락에서, 이러한 감정은 내담자가 필요로 하는 것과 명확하게 요청하는 방법에 대한 내담자의 혼란을 들여다볼 수 있는 창문이 된다.

사람들이 자신의 욕구를 이해하려고 몸부림치는 이유는 다양하다. 많은 사람들이 어릴 적에 욕구를 가졌다는 이유로 수치를 당하였다. IFIO 접근법은 파트너를 돌보는 것만큼이나 자신의 정서적 욕구를 돌보는 것이 필수적이라고 규정하고 있다. 이러한 관점은 사람들을 자기 의존(self-dependency)의 고립된 섬으로 만들려는 것이 아니라 자기애(self-love)를 북돋우려는 의도인 것이다. 동시에 각 파트너가 자유롭게 사랑을 주고받으며 파트너의 취약성을 이해하게 될 때, 더욱 깊은 상호성(mutuality)과 안정 애착(secure attachment)이 형성된다.

부부들이 정서적인 욕구에 대해 용기 있게 의사소통 할 수 있도록 돕기 위해, 치료사들은 다음의 여섯 단계를 따른다.

1. 내담자의 분노 아래에 있는 충족되지 않은 욕구에 귀를 기울이고 이름을 붙인다.

2. 파트너들이 자신들의 보호 패턴(예 : 싸우거나, 도망하거나, 폐쇄한다)을 파악할 수 있도록 돕는다.

3. 파트너가 해로운 방법으로 욕구를 충족시키고자 시도하는 좌절당한 보호자들을 확인하고 분리시킬 수 있도록 돕는다.

4. 각 파트너가 유-턴을 하여 숨겨진 의미와 핵심 정서적 욕구를 탐구하도록 지원한다.

5. 부부가 리-턴을 하여 정서적 욕구가 충족되어야 함을 요청(요구가 아니라)할 수 있도록 지원한다.

6. 각 파트너가 그 순간에 주고받는 것을 실험해볼 수 있도록 돕는다.

---

## 용기를 가지고 소통하기

다음 사례는 유-턴이 어떻게 저변에 있는 정서적 욕구를 드러내는지를 보여준다. 30대 초반의 유럽계 미국인 이성애자인 올마와 쿠퍼는 의사소통의 도움을 받기 위해 상담실을 찾았다. 그들은 서로 사랑했지만 그들의 보호자들은 상대방을 바꾸고자 하는 바람에서 서로를 비난하고 화를 내며, 변덕스럽고 낙담케 하는 싸움을 하였다. 싸우고 난 후, 그들은 거리를 두며 스스로를 조절하기 위해 노력은 하였지만, 긍정적으로 다시 연결하기 위해 대화로 되돌아오는 경우는 거의 없었다. 그들의 회기는 종종 손가락질하는 것으로 시작하였다. 이번 회기에서 쿠퍼가 공격의 포문을 열었다.

쿠퍼 : 도대체, 올마! 네가 불안할 때 문자나 계속 보내는 게 내 관심을 끄는 방법이 아니라고 몇 번이나 말해야겠어? 하루에 몇 번이야?

올마 : 에이 빌어먹을, 날 창피하게 만들고 있네, 쿠퍼! 넌 나를 완전 멍청이로 만들고 있어.

쿠퍼 : 네가 멍청이처럼 굴잖아. 그럼 뭐라고 해?

치료사 : 됐어요. 잠깐 참고 뒤로 물러서세요. 쿠퍼 씨, 당신이 크게 실망하여 올마에게서 무엇인가 필요한 것 같네요. 제 말이 맞나요?

쿠퍼 : 실망한 것 맞아요. 무엇인가 필요한 것도 맞고요! 저 여자가 이 버릇을 고치도록 해야

겠어요. 미쳤어요.

치료사 : [울마에게] 바로 지금 쿠퍼 씨가 한 이런 의사소통. 어떻게 들려요?

울마 : 굴욕적이에요.

치료사 : 이해가 돼요. 제가 쿠퍼와 이 부분에 대해 알아볼 동안 잠시만 기다려줄 수 있겠어요?

울마 : 그러세요. 하셔야 할 일이라면 어떤 것이든지. 나는 이런 식으로 묘사되는 게 싫어요.

치료사 : 쿠퍼 씨, 우리가 여기서 잠시 멈추고 당신의 좌절감에 주목할 수 있을까요? 그 부분이 당신의 몸 안이나 주변 어디에 있나요?

> 내담자에게 자신과 자신의 몸을 감지하라고 요청하면서 유 - 턴 초대하기

쿠퍼 : 가슴과 팔에 있어요.

> 몸에서 부분의 위치를 찾기

치료사 : 가장 강렬한 부위가 어딘가요?

> 내담자가 매우 구체적이 되도록 초대함으로써 몸 안에 부분을 고정시키기

쿠퍼 : 가슴이에요.

치료사 : 이 감각이 인지되나요?

쿠퍼 : 네, 인지됩니다.

치료사 : 그 부분은 당신에게 전해줄 어떤 정보를 가지고 있나요?

쿠퍼 : 싸울 것이냐 도망갈 것이냐 하는 거지요.

> 자율신경계 반응에 이름 붙이기

치료사 : 가장 강한 충동은 어떤 것인가요?

쿠퍼 : 싸우고 싶어요. 울마가 내 말을 들었으면 좋겠어요!

치료사 : 이 충동이 당신의 전부가 아니라, 당신의 한 부분으로 인지할 수 있겠어요?

> 분리된 상태인지 아닌지 체크하기

쿠퍼 : 네.

치료사 : 그럼 이 부분에게 인사하시지요. 그리고 그 부분을 향하여 어떤 느낌이 드는지

감지해보세요.

**부분과 친해지기**

**쿠퍼** : [한숨을 쉬며 내면에 초점을 맞춘다] 괜찮은 것 같아요. 나는 이 기분을 알지요.

　　**치료사** : 그 부분에 대해 어떤 것을 알고 계시나요?

**쿠퍼** : 내가 두려워한다는 뜻이에요.

　　**치료사** : 당신의 한 부분이 두려워하나요?

**부분 언어의 중요성을 확고히 하기**

**쿠퍼** : 아마도 내가 저 여자의 모든 욕구를 충족시킬 수 없다는 것?

　　**치료사** : 그 부분이 어떤 또 다른 것도 말하나요?

**쿠퍼** : 난 필요한 걸 결코 얻지 못할 거예요.

　　**치료사** : 어떤 것이요?

**쿠퍼** : 나도 잘 모르겠어요…

　　**치료사** : 이게 중요해요. 그러니 우리가 이해하고 있는지 확실히 해보지요. 당신에게는 욕구가 있어요. 그런데 그것이 어떤 것인가? 당신의 욕구는 당신에게 전달되지 못하고 있어요. 그런데 울마 씨가 나타나, 자신의 욕구에 대해 당신이 무언가를 해주기를 기대하고 있는 듯합니다. 저는 이 모든 것이 당신의 좌절감을 갖고 있는 부분에게는 너무 과하다고 느끼는 것 아닌가 생각해요. 누가 이 모든 욕구를 온전히 충족시키겠어요?

**투사에 이름을 붙이기 : "당신의 보호자들이 당신의 욕구를 추방할 때, 그들은 그녀의 욕구 역시 추방한다"**

**쿠퍼** : 네. 누군들 할 수 있겠어요?

이때, 치료사는 쿠퍼에게 자신의 좌절감을 갖고 있는 부분을 대변해보라고 초대하였다. 우리는 항상 분리된 화법(unblended speech)을 목표로 하는데, 이것은 더 넓은 시각, 편안한 신경계, 그리고 다시 연결할 준비를 갖춘 파트너로 리-턴할 수 있도록 북돋워준다. 우리가 한 부분을 대변할 때, 우리는 누군가 자신의 이야기를 명확히 들어주었으면 하는 그 부분의 욕구를 존중하는 것이다. 이것은 그 부분이 기꺼이 분리되도록 해준다.

치료사 : 그것은 아주 좋은 질문이에요. 쿠퍼 씨. 제가 도와드리지요. 괜찮지요? 먼저, 울마 씨에게 좌절감을 갖고 있는 당신의 부분을 대변해 보는 실험을 해보시면 좋겠어요.

쿠퍼 : 내가 늘 하던 대로, 그 부분이 무엇에 대해 화가 났는지 말하는 것이 아니라요?

치료사 : 맞아요. 당신이 방금 내면에서 새롭게 알게 된 것에 대해 울마 씨에게 이야기해 보면 좋겠어요. 당신 몸에서 어떤 일이 일어났는지부터 시작해서 두려움으로 옮겨가도록 하세요.

쿠퍼 : [울마를 향하여] 당신, 다 들었지?

울마 : 들었어. 늘 하던 방식 대신에 그런 식으로 듣게 되어 고마워. 그리고 그것을 또 다시 듣는다고 해도 상관하지 않을 거야. 이랬다 저랬다 하지 않을게.

쿠퍼 : 좋아. 먼저, 당신이 관심을 기울여 달라고 요청할 때는, 특히 한낮에 나는 신체적으로 불안해지면서 당신과 싸우기 시작하게 되는 것 같아. 이건 제대로 안 되어간다는 것을 알아. 내게 두 가지 두려움이 있어. 첫 번째는, 내가 당신의 욕구를 충족시켜주지 못한다는 것이고, 두 번째는 "나는? 나의 욕구는? 저 여자는 지금 내가 어떤지 관심을 갖고 있기나 한가?"라는 내 안의 목소리가 계속 들린다는 거야. 나는 이런 부분에서 제대로 하는 법을 몰라. 그래서 나의 한 부분이 좌절하며 거부하지. 내 자신이 무능하거나 고려 대상이 되지 않는 것을 경험할 때는, 내가 잘 못해. 난 그걸 감당할 수가 없어.

쿠퍼의 첫 마디("도대체, 울마!")와는 달리, 쿠퍼와 울마는 이제 좀 더 취약함을 드러내는 의사소통을 하며, 그들의 두려움과 욕구를 다룰 수 있게 되었다.

울마 : 당신 말 듣고 보니 이해가 되네. 당신이 무엇이 필요한지 알면 아주 좋을 것 같아. 나는 전혀 모르겠어.

쿠퍼 : 나도 마찬가지야.

치료사 : 평소에 말하고 듣던 방식과 비교했을 때 이러한 의사소통은 어땠어요?

울마 : 훨씬 나아졌어요! 감사합니다.

치료사 : 쿠퍼 씨는?

쿠퍼 : 나아진 것 같아요. 하지만 지금은 그저 허전하고 슬픈 느낌이에요.

치료사 : 그럴 거예요. 이게 고통스럽다는 거 알아요. 우리가 그 부분도 도와드릴게요. 다음 단계는 당신이 무엇이 필요한지 알아내고 울마 씨가 그 필요를 충족시킬 수 있도록 조심스럽게 요청하는 거예요.

가능성을 제시하기

이 예는 IFIO 치료사가 한 파트너로 하여금 유-턴을 하고, 안전하게 그들의 감정을 탐구하며, 활성화된 부분들을 분리하고, 그들의 두려움을 대변하며, 그리고 나서 관계적 연결로 리-턴하도록 위협적이지 않게 초대하는 과정을 보여준다. 이어지는 **부부를 위한 유-턴 및 리-턴** 워크시트는 내담자들이 반응적인 부분들을 분리하여 두려움보다는 통찰력을 가지고 서로 이야기할 수 있도록 그들이 사용할 수 있는 간단한 7단계 연습을 제공한다. 이 연습은 회기와 회기 사이에도 유용하게 사용할 수 있다.

또한 **매 순간의 선택** 워크시트는 부부들이 자신들의 정서적인 욕구를 충족시키려 할 때 발생하는 그들의 반응과 역반응의 패턴을 깰 수 있도록 도와준다. 갈등 가운데 있는 부부들은 일반적으로 자신들의 욕구를 충족시킬 수 있는 유일한 방법은 상대방에 대항하는 것이라고 믿는 보호적인 부분들과 섞여 있다. 이 워크시트는 일단 파트너들이 다음의 세 가지를 이해할 때 보다 더 효과적으로 반응할 수 있다는 것을 보여준다. 즉 (1) 자동 반응(knee-jerk response)은 충족되는 못한 욕구에 대한 신호이며, (2) 그들의 좌절감 저변을 추적함으로써, 그들은 유해한 어릴 적 사건에서 빠져나오지 못하는 한 부분의 욕구를 발견하게 되고, (3) 신랄한 보호자들 입장에서의 요구보다 참자아 에너지가 담겨있는 요청이 훨씬 설득력이 있다는 것이다.

마지막으로, **정서적 욕구를 찾아 대변하기** 워크시트는 내담자가 속도를 늦추고, 유-턴을 하여, 현재의 관계에서 충족되고 있지 않는 어릴 적에 추방되었던 간절한 열망과 욕구를 탐색할 수 있도록 도와준다. 워크시트를 사용하여 그들이 알게 된 것을 적게 한 후, 내담자가 리-턴하여 분리된 입장에서 부분들을 대변하도록 초대한 다음, 요청하는 실험을 해보게 한다.

IFIO에서 우리는 정서적 욕구를 묻고 대응하는 능력이 친밀감의 핵심이라고 믿는다. 집에서 실제로 하기 전에 회기 중에 요청하는 것을 연습하는 것이 가장 좋으므로 내담자들이 회기 중에 연습을 완전히 끝낼 수 있도록 한다.

## 내담자 워크시트

# 부부를 위한 유 - 턴과 리 - 턴

유-턴을 하고, 반응적인 부분들을 분리하며, 부분들 입장에서가 아니라, 부분들을 대변하는 법을 배우는 것이 힘든 대화를 안전하게 진행할 수 있는 열쇠이다. 이 프로세스는 각 사람이 명료성을 얻고, 신경계를 진정시키며, 그들의 반응성 저변에 있는 욕구에 대한 관점을 얻을 수 있도록 지원한다. 이 워크시트는 유-턴을 위한 로드맵이며, 상담실에서 치료사의 도움을 받아 사용하거나, 회기와 회기 사이에 사용할 수 있다.

1. 잠시 멈추고 숨을 쉬고 내면에 주의를 기울이는 것으로 유-턴을 한다.

2. 당신 몸에 주의를 기울인다. 다음에 대해 묘사한다.

    숨쉬기

    _____

    심박수

    _____

    근긴장도

    _____

    내면의 음성

    _____

    충동

    _____

3. 감지한 부분들에게 인사하고는, 당신이 경청하며 알아가기 위해 여기 있다는 사실을 알려 주며 부분들과 친해진다. 당신은 이 부분들에게 무슨 말을 하는가?

    _____

    _____

4. 당신의 부분의 두려움과 취약점을 탐구한다.

    그들은 어떤 것을 두려워하는가?

    _____

두려움의 저변에는 어떤 것이 있는가?

그들은 어떤 것이 필요한가?

5. 당신이 알게 된 것을 보고한다.
    내 몸에서, 나는 ~을 감지하였다:

    내게는 ~을 두려워하는 부분이 있다:

6. 이 부분들을 대변한다.
    내게는 ~을 필요로 하는 부분이 있다:

    내게는 ~을 원하는 부분이 있다:

7. 참자아 입장에서 요청한다. 핵심 욕구는 무엇인가?

# 매 순간의 선택

관계에서 우리는 종종 좌절감과 분노를 정서적 욕구를 충족시키기 위한 보호 시도로 본다. 치료사의 도움을 받아, 이 워크시트를 사용하여 당신의 좌절감이나 분노 뒤에 숨겨진 정서적 욕구를 이해하고 보호자들 입장에서 요구하는 대신 당신의 참자아 입장에서 요청하는 법을 배운다. 파트너들은 의무보다는 초대에 더 잘 반응한다.

1. 좌절감에 초점을 맞추면서, 어떤 것이 감지되는가?

   _____

   _____

2. 어떤 말이 들리는가?

   _____

   _____

3. 당신이 좌절감을 느낄 때, 보통 어떤 ('자동') 반응을 보이는가?

   _____

   _____

4. 당신의 어떤 부분들(예 : 통제, 분노, 조급함, 조종, 순종, 분석)이 반응하는가?

   _____

   _____

5. 당신의 반응은 파트너 부분들로부터 어떤 반응을 불러일으키는가?

   _____

   _____

6. 파트너의 부분들로부터 이런 반응(예 : 분노, 슬픔, 행복, 흥분, 불안)을 받으면 당신의 내면에서 어떤 일이 일어나는가?

   _____

   _____

7. 당신의 보호적인 부분들과 파트너의 보호적인 부분들 사이의 이러한 반응과 역반응 사이클에 대해서 어떤 것이 관찰되는가?

_____

_____

8. 당신 보호자의 좌절 반응 저변에 있는 취약한 부분을 보거나 느끼거나 감지할 수 있는가? 당신은 그 부분에 대해 어떤 것을 알고 있는가?

_____

_____

9. 어릴 적에 어떤 패턴의 상호작용이나 사건이 당신에게 상처를 주었는가?

_____

_____

10. 당신의 어리고, 상처 입은 부분은 어떤 핵심 욕구를 찾고자 하였으나 얻지 못하였는가 (예 : 누군가 들어주거나, 주목해주거나, 사랑해주거나, 목격해주거나, 안아주거나, 이해해주거나, 연결된 느낌을 갖고 싶어함)?

_____

_____

# 정서적 욕구를 찾아 대변하기

이 연습은 명료화시키는 작업이다. 감정(그리고 그들이 대변하는 욕구)은 의식적인 사고가 되기 전에 몸에서 표현한다. 몸에 온 주의를 기울임으로써, 우리는 수많은 중요한 정보에 다가갈 수 있다. 시인 루미는 말하길, "고통의 치료는 고통 가운데 있다. 당신이 느끼는 이 고통들은 전령이다. 그들에게 귀를 기울이라." 경청하고 난 후, 당신이 들은 부분들의 이야기를 대변한다. 우리가 주의 깊게 부분들에게 귀를 기울이고 그들의 욕구를 대변할 때, 우리는 보답으로 그들의 선물을 받는다.

1. 눈을 감고 심호흡을 몇 번 한 다음, 내면에 초점을 맞춘다. 당신의 삶에서 친밀한 관계를 갖고 있으나, 당신을 화나게 하거나 좌절감을 안겨줄 수 있는 사람을 생각해본다. 마음의 눈으로 그 사람을 불러내어, 그들이 화나게 하거나 좌절시키는 말을 해보라고 초대한다. 당신의 반응을 관찰한다.

   당신은 몸에서 어떤 것이 느껴지는가?

   _____
   _____

   당신은 스스로에게 어떤 말을 하는 것이 들리는가?

   _____
   _____

   당신은 어떤 감정이 인식되는가?

   _____
   _____

   당신의 첫 번째 충동은 어떤 것인가?

   _____
   _____

당신은 이 충동을 당신의 한 '부분'으로 인식할 수 있는가?

_____

_____

2. 이제 이 사람에 대한 이미지가 떠내려가도록 하고, 당신의 반응적인 부분이 당신을 향하도록 초대하고는 부드러운 질문을 시작한다.

당신의 역할은 무엇인가?

_____

_____

당신이 이런 식으로 반응하지 않으면 어떤 일이 일어날까 봐 염려하는가?

_____

_____

당신은 누구를 보호하고 있는가?

_____

_____

당신은 어떤 취약성이 우려되는가?

_____

_____

어떤 어린 시절의 사건이 이러한 반응 패턴을 촉발시켰는가?

_____

_____

3. 이제 스스로에게 질문한다: 당신의 이 어린 부분은 어떤 것이 필요하였는데, 그 당시 어른으로부터 얻지 못하였는가? 핵심 욕구, 즉 누군가 들어주거나, 주목해주거나, 사랑해주거나, 목격해주거나, 안아주거나, 이해해주었으면 하는 욕구, 혹은 당신이 혼자가 아니라는 것을 알아주었으면 하는 욕구에 귀를 기울인다. 긴장을 늦추고 경청한다. 대답을 강요하거나 부분들을 재촉하지 않는다. 그들이 시간을 갖고 당신에게 정보를 주도록 한다.

_____

_____

4. 당신은 지금 내면적으로 이러한 욕구를 충족시킬 여유가 있는가? 지금 여기에서 그 아이에게 주의를 기울일 수 있는가? 그 이유는? 할 수 없다면 그 이유는?

　_____

　_____

5. 이 질문을 끝내기 위해서는, 얼마나 많든 적든 상관없이 어떤 정보든, 모든 정보를 제공해 준 부분들에 감사한다. 그리고 나서 당신의 반응적인 부분을 다시 체크한다. 그 부분은 어떤 기분인가?

　_____

　_____

6. 마지막으로, 다음의 질문을 곰곰이 생각해본다: 반응적인 부분들의 입장에서 이야기하는 대신에 그 근본적인 욕구를 대변하면 어떨 것 같은가?

　_____

　_____

## 용기 있는 의사소통으로 주고받기

친밀한 관계에서 사랑, 보살핌, 지지를 주고받는 것은 여러 가지 이유로 복잡한 과정이다. 상호 관계 가운데 있는 파트너들은 일반적으로 어떻게 그리고 언제 그들의 요구가 충족될지, 혹은 충족되지 않을지를 통제하는 명시적인 또는 은밀한 계약을 맺는다. 이러한 합의가 은밀할 때, 파트너들은 어떤 것이 사랑하는 감정인지 파악하고, 파트너가 받을 수 있는 방식으로 사랑을 표현하기 위해 훨씬 더 많이 애쓰게 된다.

시스템은 균형이 필요하기 때문에, 관계에서의 불균형은 파트너들의 자신감과 안전을 잠식한다. 특히 불균형이 장시간에 걸쳐 계속될 때 그러하다. 예를 들어, 한 파트너(A)에게 강한 돌보는 부분들이 있어 상대방 파트너(B)의 추방자들을 구원하고자 하는 갈망을 활성화시킨다고 하자. A의 추방자들에 대한 갈망은 다시 그 추방자들을 보호하는 사명을 가진, 경계하며 반응적인 B의 보호자들을 불러 일으킨다. 이 부분들은 A의 돌보는 행동을 잠재적으로 실망스럽고 억압적이라고 본다. 그들은 돌보미를 무서워한다(고마워하지 않는다). B의 보호자들이 비난하면, A의 돌보미는 놀라 상처를 받으며, B가 은혜를 모르는 배은망덕한 사람이라고 믿는다. IFIO 치료에서, 우리는 부부가 돌봄을 주고받는 것에 대한 이러한 싸움을 이해할 필요가 있다.

---

# 주고받기

50대 초반의 이성애자 유럽계 미국인 부부인 리드와 슬론은 둘 다 이혼하고 함께 지낸 지 불과 2년밖에 되지 않았으나, 그들의 부부 관계를 위태롭게 하는 오래된 패턴을 깨고자 치료받으러 왔다. 리드는 지역사회에서 다른 사람들에게 관대하고 섬긴다는 평판을 가진 사람이었다. 예술가인 슬론은 좋은 친구들이 있었지만 보다 내성적인 편이었다. 슬론은 최근 만성피로증후군을 진단받았고, 함께 하는 사회생활에 필요한 에너지와 체력이 저하되었다. 그들은 이미 1년 이상 치료를 받고 있다가 이런 주고받는 것에 대한 논의를 하였다.

슬론 : 뭔가 이야기하고 싶어요. 사람들이 파티를 여는 시즌이어서, 우리가 이번 주말에 두 군데서 초대받았어요. 우리는 다음 주에 떠나는데 그 준비만으로도 내게는 너무 벅차요. 그래야 된다고 이야기하는 것이 아니라, 그냥 그렇다는 거예요. 그래서 나는 리드

한테 파티에 갈 수 없다고 했어요. 그러나 내게는 내가 재미없는 사람이라고 생각하고 그를 잃을까 봐 걱정하는 부분이 있어요. 그래서 [리드를 향하여] 파티가 당신에게 중요하다면 내가 가겠다고 하는 거야. 두 군데 중 하나 또는 두 군데 모두 가겠어.

리드 : 어, 아니야. 당신 왜 그러는 거야?

슬론 : 당신을 위해서야. [리드가 내려다보며 초조해한다]

　치료사 : 제가 끼어도 되나요? [그들이 고개를 끄덕인다] 지금 어떤 기분이에요, 리드 씨?

리드 : 몹시 불편해요.

　치료사 : 어떤 목소리가 들리세요?

리드 : "우리는 그렇게 안 해!"

　치료사 : 그게 누구인가요?

리드 : 제 아버지요.

　치료사 : 당신 아버지 같은 소리를 내는 부분인가요? 아니면 아버지인가요?

리드 : 모르겠어요.

　치료사 : 물어보세요.

리드 : 부분이에요.

　치료사 : 그 부분이 왜 지금 당신 아버지를 대신하고 있습니까?

리드 : "아버지가 가장 잘 알아!" [모두가 웃는다]

　치료사 : 그리고 이 아버지 역할을 하는 부분은 주고받는 것에 대해 뭐라고 합니까?

리드 : "이기적인 행동하지 말아!"

　치료사 : 어떤 것이 이기적일까요?

리드 : 욕구지요.

　치료사 : 그러면 사고 실험(thought experiment)을 해보지요. 지금 당장 슬론에게 다음과 같이 이야기해야 한다면 어떤 느낌일 것 같은가요? "응, 꼭 갑시다! 파티에서 당신이 내 곁에 있는 것이 내게는 큰 의미가 있어. 당신이 가면 좋겠어."

리드 : [코를 찡그리며] 난 그렇게 못하겠어요!

슬론 : 못하겠다구?

　치료사 : 여기서 천천히 해보도록 하세요. 리드 씨, 당신에게는 받는 것(receiving)에 알레

르기를 보이는 부분이 있어요. 그리고 슬론 씨, 당신에게도 그런 반응에 무언가 느끼는 부분이 있어요. 어떤 것이 느껴지나요?

슬론 : 많이 줄어들었어요.

치료사 : [리드에게] 이해가 되세요?

리드 : 내게는 "안 돼! 안 돼! 안 돼! 안 돼!"라고 소리치는 부분이 있기 때문에 우리는 틀림없이 무슨 일을 내도 낼 거예요.

치료사 : 우리 그 부분을 체크해볼까요? [리드가 고개를 끄덕인다, 치료사는 슬론을 바라본다]

슬론 : 해보세요.

치료사 : 방금 안 된다고 말한 부분을 향하여 어떤 느낌이세요?

리드 : 그건 미안해요.

치료사 : 그 부분은 어떤 것을 염려하고 있나요?

리드 : 약함이요.

치료사 : 받는 것이 약한 건가요?

리드 : 그런 것 같아요.

치료사 : [슬론에게] 리드 씨는 당신을 위해 뭔가를 해주나요?

슬론 : 저 사람은 너그러운 영혼이에요.

치료사 : 당신이 그렇게 너그러울 때, 슬론 씨의 짜증을 어떻게 이해하나요?

리드 : [빙그레 웃으며] 내가 그래야 하나요?

치료사 : 제가 맞춰볼까요? 제가 틀린 것을 두 분의 부분들이 이야기해주면 좋겠어요.

리드 : 맞춰보세요.

치료사 : 당신에게는 우리가 잘 아는 한 부분이 있어요. 그 부분은 당신이 착하게 되어 사랑받게 되기를 바라고 있어요. 그는 작은 아이를 보호하고 있어요. 아버지가 그를 공포로 몰아넣었지만, 그는 엄마에게 불평을 할 수 없었어요. 지금까지 맞나요? [리드는 고개를 끄덕인다] 그리고 당신에게는 또 다른 부분, 반항적인 십 대도 있어요. 그 부분은 착하게 되고 싶어 하지 않아요. 때때로 그는 장악하고 무례하고 이기적인 행동을 하지요. 그렇죠? [리드와 슬론은 고개를 끄덕인다] 그래서 사람들은 그 십 대 반항아 부분으로 인해 충격을 받지요.

슬론 : 그게 나일 거예요!

    치료사 : 그 반항아는 자유로워지고, 착한 소년에 의해 구속당하지 않기를 절박하게 원하고 있어요.

리드 : 네.

    치료사 : 당신이 주는 행위를 하였으면 하는 것이 누구인가요? 착한 소년인가요 반항아인가요?

리드 : 의심할 여지없이 착한 소년이지요.

    치료사 : 지금 그 소년을 향하여 어떤 느낌이 드나요?

리드 : [머리를 흔들며] 그 아이가 아직도 그렇게 활발하고 건강하다는 사실에 놀랐어요.

    치료사 : 그리고 그가 그 정도로 강하다고 한다면, 당신은 그를 향해 어떤 기분이 드나요?

리드 : 그가 떠났으면 좋겠어요. [치료사가 반응하기도 전에 슬론이 말한다]

슬론 : [고개를 끄덕인다] 십 대는 내게 상처를 주고 때로는 화나게 하지만, 그 착한 소년은 나를 깜짝 놀라게 해요.

    치료사 : [리드에게] 당신이 마음을 열고 그 이야기를 들어보실래요?

리드 : 네.

슬론 : 만약 받는 것이 약한 건데, 당신이 나를 도와주고, 내가 당신의 도움을 받는다면, 나는 어떤 존재야? [리드는 생각에 잠긴 듯 고개를 끄덕인다] 만약 내가 보답으로 당신에게 아무것도 해줄 수 없다면, 내가 어떻게 당신의 도움을 수용할 수 있겠어? 당신이 내 도움을 거절할 때는, 난 작고… 보잘것없는 존재라는 느낌이야.

리드 : 알겠어. 하지만 나는 바뀌는 것을 상상도 할 수 없어.

    치료사 : 무엇이 두려운가요?

리드 : 내가 나쁜 사람이 될 거예요.

    치료사 : 그래서요?

리드 : [오랫동안 멈춘 후에] 내가 작고 보잘것없는 존재가 되었다고 느낄 거예요.

    치료사 : 그 아이 말이지요?

리드 : 그 아이는 항상 그에게 되돌아와요. 그는 왜 여태 도움을 받지 않았을까?

    치료사 : 네, 왜요?

리드 : 두려움인가?

　치료사 : 그에 대한 두려움인가요?

리드 : 그처럼 되는 것에 대한 두려움이에요.

　치료사 : 그는 어떤데요?

리드 : 보잘것없고 약해요!

　치료사 : 우리가 그를 도울 수 있는 허락을 받을 수 있을까요?

리드 : [놀라서 고개를 가로 젓는다] 나는 그렇게 생각하지 않아요. 나는 그 문제에 대해 긍정
　　　적인 답을 얻지 못하고 있어요.

슬론 : 당신이 그를 돕지 못하게 하는 게 누군데?

리드 : 음… "나는 어떤데?" 하고 말하는 부분이 있어.

　치료사 : 착한 소년이 그렇게 이야기하고 있나요? [리드가 고개를 끄덕인다] 지금 그를 향
　　　하여 어떤 기분이 드세요?

리드 : 그를 걱정하고 있어요.

　치료사 : 우리가 작은 아이를 도와준다면 그게 착한 소년에게도 도움이 되지 않을까요?

리드 : 하지만 나한테는 어떤 일이 일어나게 되나요?

　　　┌─────────────────────┐
　　　│　착한 소년 부분의 입장에서 말하기　│
　　　└─────────────────────┘

　치료사 : [착한 소년 부분에게 직접 말하며] 너는 사라지지 않을 거야. 모두 들어갈 수 있는
　　　공간이 있단다. [리드는 말이 없다] 우리 잠깐 실험해볼까요? [두 사람 모두 고개를
　　　끄덕인다] 좋아요. 리드 씨, 아내에게 가까이 오라고 해보세요. [리드가 마비된 듯
　　　보인다.]

　치료사 : 지금 당신에게 어떤 일이 일어나고 있나요?

리드 : 힘들어요.

　치료사 : 어떤 소리가 들리는데요?

리드 : "우리는 우리가 해야 할 더러운 일을 다른 사람에게 부탁하지 않아."

　치료사 : 만약 당신이 지금 슬론 씨에게 좀 더 가까이 앉으라고 요청한다면, 그녀에게 어
　　　떤 욕구를 채워달라고 요청하시겠어요?

리드 : 혼자 있는 느낌이 덜 하도록 해달라고요. [슬론을 바라보며] 내가 우선순위에 있다는

것을 알게 해달라고요. 내가 항상 다른 사람에 대해 걱정할 필요는 없다는 것을 알게 해달라고요. 중요한 존재라는 느낌이 들게 해달라고요. [슬론은 미끄러지듯 소파 건너편으로 가, 리드의 손을 잡는다. 그는 눈을 깜빡거려 눈물을 지운다. 그들은 잠자코 있다.] 겨우 숨이 쉬어지네요.

치료사 : 당신이 숨을 쉬면 어떤 일이 일어날까요?

리드 : [눈을 가리고, 몸을 앞으로 숙이고, 운다. 그의 숨이 진정되자, 그는 일어나 앉아 슬론으로부터 치료사까지 바라보고는 다시 되돌아온다] 나는 비통해할 거예요.

파트너십에서 균형 잡힌 주고받기는 필수다. 이 부부의 상호작용에서 보듯이, 주는 것을 강함과, 받는 것을 약함과 일치시키고자 하는 짐은 그들의 친밀감의 균형을 약화시킨다. 물론, 받는 것을 거부하는 사람은 다른 사람들이 주고자 하는 의욕을 꺾지만, 그것은 이 짐이 치르는 대가의 일부에 지나지 않는다. 결국 받지 않는 사람은 상대방이 받는 것을 달가워하지 않거나, 그들을 어린 아이처럼 취급한다. 리드의 착한 소년 부분은 자신이 해야 할 일과 존재하는 이유를 잃어버릴까 봐 두려워했지만, 리드가 저변에 있는 자신의 욕구를 대변하자, 착한 소년의 반대 태도가 잠시 녹아, 리드는 슬픔을 느낄 수 있었다. 내적 변화가 외부로 흐르듯이, 관계의 변화는 내면으로 흐른다.

## 투사 : 숨겨진 부분들의 대가

우리의 보호자들은 상처받기 쉬워 보이는, 즉 더 많은 상처를 입힐 수 있는 상황을 만들어내는 것으로 보이는 우리의 부분들을 숨김으로써 애착 상처에 반응한다. 이러한 추방된 부분들의 위험한 취약성을 의절하기 위해서, 내담자들은 종종 의절된 특성이 다른 사람들 안에서 나타날 때 (혹은 나타나는 듯이 보일 때) 그것을 비판함으로써 투사(projection)한다. 투사하는 관리자들은 내면적으로 그런 다음 외부적으로 비판한다. 예를 들어 내담자의 가족(또는 문화)이 직접적인 분노 표현에 눈살을 찌푸리면, 그의 관리자들은 화를 내는 부분들을 억제하고 감추기 위해 많은 노력을 할 것이다. 투사는 이렇게 하는 한 방법이다. 우리는 한 파트너의 화난 보호자가 상대방이 화난 사람이라고 주장할 때(내가 화난 게 아니야. 네가 화난 거야) 이것을 보게 된다. 우리가 투사할 때, 우리는 우리 자신의 중요한 감정(및 부분들)뿐만 아니라 상대방의 실제 감정(및 부분들)도 거부하는 것이다.

부부의 대인 갈등이 투사에 초점이 맞추어질 때, 우리는 다음의 두 가지 유-턴 연습을 사용하여 내담자들이 자신들의 투사를 거두어들이고 자신들의 의절된 부분들을 사랑할 수 있도록 돕는다.

이러한 유-턴 연습 중 첫 번째 것은 보호자들이 어떻게 취약성을 투사하며, 고통을 다른 사람 탓으로 돌리는지를 보여준다. 이 연습을 존중감을 갖고 행한다면, 파트너들은 자신들의 가장 힘들거나 찾기 어려운 부분들과 친해질 수 있게 된다. 여기에 제시된 두 번째 유-턴 연습은 파트너들이 보호자들로 하여금 바리케이드로 뛰어들게 하면서, 상처받은 부분들을 버리고 떠나는 방식에 주목하도록 해준다. 어떤 관계 갈등에서도 유-턴은 엄청나게 도움을 줄 수 있지만, 그것이 도전이 될 수도 있다.

내담자들은 자신들의 보호자들이 투사로(그것들이 다른 사람의 특성이라고 주장하면서) 감추려고 애써왔던 특성을 드러내면서 방향 감각을 잃는 느낌을 가질 수도 있다. 그러므로 우리는 내담자들이 이 보호자들을 존중하고 그들의 동기를 이해할 수 있도록 돕는 것으로 시작한다.

# 부분들에게로 유 – 턴하기

'유–턴 하기'는 당신이 누군가에 대한 느낌이나 반응을 가지고 있으면서 그에 대해 좀 더 알고 싶을 때 당신의 관심을 내면에 당신 자신의 부분들에게로 돌리는 것을 의미한다. 우리들 대부분은 어떤 외부 사람이 우리로 하여금 그렇게 느끼도록 만들었다고 주장하면서 우리 감정(즉, 내면적으로 다른 부분들의 감정)의 중요성과 의미를 경시함으로써, 취약성에 관심이 쏠리지 않도록 하는 보호자들을 가지고 있다. 이 내면의 비난의 목소리를 액면 그대로 받아들이지 않고, 우리는 그것을 우리의 다른 부분(또 다른 보호자 혹은 추방자)의 이야기를 누군가가 들어줄 필요가 있다는 신호로 다룬다. 유–턴은 우리를 남 탓하는 마비와 무기력으로부터 해방시켜 준다.

1. 첫째, 당신 삶에서 당신을 불쾌하게 하는 사람을 생각해본다. 이것을 개인적으로 만든다. 이 사람은 어떤 불쾌한 행동이나 말을 하는가? 당신은 그것들을 묘사하면서 당신의 판단하는 부분에게 귀를 기울인다.

   _____

   _____

2. 그런 다음 자신에게 다음과 같은 질문을 한다.

   당신의 부분들은 이 사람이 달리 어떻게 하기를 바라는가?

   _____

   _____

   당신의 부분들은 이 사람이 당신에게 어떤 사람이 되기를 바라는가?

   _____

   _____

   당신의 부분들은 이 사람에게 어떤 조언을 해주겠는가?

   _____

   _____

당신의 비판자가 검열하지 않고 이 사람을 판단하도록 한다. 이 상황에서 그 사람의 행동에 대한 당신의 생각을 열거한다.

_____

_____

이 상황에서 당신의 부분들은 당신이 어떤 것을 다시는 경험하지 않기를 바라는가?

_____

_____

이 사람과의 관계에서 불쾌감을 덜 느끼고 더 행복해지기 위해, 당신의 부분들은 당신이 이 사람과 어떻게 행동하기를 원하는가?

_____

_____

3. 이제 당신이 호기심을 갖고 경청할 수 있도록 내면에 어느 정도 공간을 제공해 달라고 비판자에게 요청한다. 그리고 당신이 그 공간을 느낄 수 있으면 유-턴을 한다. 첫째, 이 사람에 대한 전면적인 비판(global criticism)을 사실적 관찰(factual observations)로 바꾼다.

_____

_____

4. 이제 자신에게 묻는다. 누군가가 나를 안 좋게 대할 때, 나는 내 자신을 어떻게 대하는가? 내 부분들이 나를 비판하는가? 내 부분들이 복수를 계획하는가? 나의 부분들은, 다른 결과를 가져오는 다른 시나리오를 연습함으로써, 일어난 사건을 수용하며 슬픈 느낌을 갖는 것을 반복적으로 회피하는가? 그렇다면 당신의 부분들에게 다음과 같이 묻는다. 당신은 누구를 보호하는가?

_____

_____

5. 일단 당신이 보호를 받고 있는 당신의 부분을 찾아냈다면, 허가를 받아 그 부분에게 다음과 같이 질문한다. 이 다른 부분들이 비판하고, 음모를 꾸미고, 원상태로 돌리는 동안 당신에게 어떤 일이 일어나는가?

_____

_____

6. 이제 다시 확인한다. 당신이 호기심을 갖고 경청할 만한 공간이 아직 내면에 있는가? 만약 그렇다면, 당신의 어떤 부분이 이 사람과의 관계에 관여되어 있는지 물어보고, 당신의 부분들이 어떻게 행동하는지 생각해본다. 이 부분들의 목록을 작성하고, 그것들을 더 잘 알아가기 위해 행동 방향을 결정한다.

_____

_____

─바이런 케이티(Byron Katie)의 작업에서 차용

# 사고 실험에서의 유 – 턴

우리 자신의 투사를 알아차리는 것은 쉽지 않다(이러한 전략을 사용하는 보호자들은 의도적으로 우리가 우리 자신을 전혀 알아채지 못하도록 한다). 이 사고 실험은 당신이 내면으로 들어가 지난 사건을 뒤늦게 알아차림으로써, 활성화하는 상황을 다시 살펴보도록 요구한다. 이것은 응급상황에서만 나오고 그렇지 않으면 찾기 힘든 보호적인 부분들에게 당신 자신을 소개하는 좋은 방법이다. 이것은 당신의 보호자들을 만나고 추방자들을 찾을 수 있는 기회가 된다.

1. 누군가 당신에게 상처를 주었던 상황으로 돌아간다. 당신의 보호자들이 어떻게 반응했는지 주목한다. 그들은 어떻게 해야 할지 즉시 생각하기 시작하였는가? 그렇다면, 그것은 어떤 것이었는가? 그리고 그들은 어떤 행동을 하였는가? 당신의 반응에는, 똑바로 이해해 달라고 주장하기, 갈등을 미연에 방지하기 또는 복수를 꾀하기가 포함되어 있었는가? 당신이 알게 된 것은 무엇이든 다 적어본다.

_____

_____

2. 이제, 반응하였던 부분들에게 당신과 함께 다음의 질문에 답하도록 요청한다.

그 상황에서 어떤 부분이 상처를 받았는가?

_____

_____

다른 부분들이 반응하였을 때, 상처받은 부분에게 어떤 일이 일어났는가?

_____

_____

반응적인 부분들은 당신이 상처받은 부분을 돕도록 허락해줄 것인가? 왜 허락하는가? 허락하지 않는다면 왜 그런가?

_____

_____

상처받은 부분이 도움을 좋아하겠는가? 왜 좋아하는가? 좋아하지 않는다면 왜 그럴 것인가?

_____

_____

3. 그러고 나서, 다음 질문을 생각해본다.

내가 다른 사람들에게 똑같이 상처주는 행동을 한 적이 있는가? 어떻게 하였는가?

_____

_____

내게 내면적으로 이렇게 행동하는 부분들이 있는가? 그렇다면 어떤 부분들인가?

_____

_____

나는 이 사람의 어떤 다른 부분들을 알아차렸는가?

_____

_____

그 부분들은 어떻게 행동하는가? 목록을 작성한다.

_____

_____

## 부부치료의 정신 내적 작업 : 내면으로 들어가기

IFIO 부부치료의 다양한 시점에서, 한 파트너는 상대방이 내적 경험을 탐구하는 동안 목격자가 된다. 우리는 일반적으로 부부치료 안에서 이러한 개인 작업을 하는데, 그 이유는 다음과 같다. (1) 한 파트너는 팽팽하게 긴장되어 분리되지 않으려 하는 부분을 가지고 있거나, (2) 행동 패턴이 고착되어 있는 듯 보이거나, (3) 어릴 적 부정적인 경험이나 욕구를 가지고 있다는 수치심이 표면화되기 시작하는 경우이다. 파격적이긴 하지만 부부치료의 맥락에서 개인 작업은 깊은 치유를 가져온다. 어떤 사람이 자신의 상처 입고 짐을 짊어진 부분들을 긍휼의 마음으로 돌볼 때, 그 사람은 더 안전하고, 더 침착하고, 더 용감하고, 따라서 더 많은 여유를 느끼는 파트너에게로 리-턴한다. 참자아에 접근함으로써 얻어지는 내면의 안전감은 부정적인 신념들(예 : "나는 사랑받을 만하지 못해")이 그들의 관계와 파트너에게 어떤 영향을 미쳤는지를 인정하기 위한 토대를 마련한다.

한편 목격하는 파트너는 그 취약성을 보면서, 동시에 사랑하는 사람의 강함, 회복력 및 현재 순간에 의식을 집중하는 모습도 보게 된다. 많은 경우, 이런 공유된 경험은 부부가 서로를 그저 '상처주는 사람'이나 '돌보는 사람'으로 보는 관점에 도전하고, 부부들에게 오늘날 그들의 관계에서 그들이 실제로 필요하고 원하는 것을 자유롭게 탐구할 수 있게 해준다. 친밀한 관계가 힘들어지게 될 때, 언어형성 전 경험에 바탕을 둔 암묵적 기억들이 표면화되기 시작한다. 우리는 암묵적인 기억을 인식으로 가져오는 것을 목표로 함으로써 시간이 지남에 따라 부부는 자신과 서로에 대한 인식, 감정 및 생각을 바꿀 수 있게 된다(Badenoch, 2008).

어릴 적 경험이 성인의 행동에 어떤 영향을 미치는지를 파트너들에게 보여주는 것 외에, 부부치료의 맥락에서 개인 작업은 또 다른 이점을 가지고 있다. 첫째, 자기 탐구에 관여하고 있는 파트너는 참자아와 부분들 사이의 안정 애착을 촉진하여, 부분들이 어린 시절에 획득한 부정적인 신념으로부터 치유될 수 있도록 해준다. 둘째, 목격하는 파트너는 고통스러운 어릴 적 딜레마에 공감과 긍휼의 마음을 가지고 귀를 기울임으로써, 상대방의 치유 과정에서 적극적인 역할을 한다. 한 사람이 깊은 사랑과 돌봄으로 상처입고 취약한 부분을 내면에서 목격하고 있고, 파트너도 역시 사랑과 돌봄으로 그 취약성을 안아주고 있을 때, 긍정적인 치유 사이클이 뒤따른다. IFIO 모델의 포괄적 특성은 온전한 관계 치유를 가져온다.

## 내면으로 들어가기

**1단계** : 부부와 계약을 맺고, 한 사람은 내면으로 들어가고, 상대방은 목격자 역할을 한다는 것을 알린다.

**2단계** : 목격하는 사람이 분리되도록 지원하여 그들이 경청하며 현재 순간에 의식을 집중할 수 있도록 한다. 만약 그들이 두려워하거나 반응적이 되면, 당신이 도움을 주기 위해 곁에 있다는 것을 상기시킨다.

**3단계** : 부드럽고 정중하게 분리를 독려하고, 내담자가 내면적으로 자기 자신과 긍휼의 마음으로 연결될 수 있도록 돕는다. 안전한 작업 환경을 유지하고, 자율신경계 활성화를 지속적으로 체크하기 위하여, 두 파트너의 보호자들에게 세심한 주의를 기울인다.

**4단계** : 적절하고, 시간이 허락하는 경우, 추방자들의 짐을 내려놓는다.

**5단계** : 대인 관계와 공동 조절을 육성하고 지원한다.

## 내면으로 들어가기

앞서 소개한 성을 둘러싼 의사소통의 어려움을 개선하기 위해 치료법을 찾고 있었던 부부 마크와 마테오는 안전하고 존중하는 의사소통을 잘 실천할 뿐만 아니라, 보호적인 부분들과 겁먹은 어린 추방자들을 잘 대변하고 있었다. 그들은 문제를 해결하려고 애쓰기 전에 기다리는 법을 배웠다. 그들은 능숙하게 말하고 경청하는 것이 가치 있는 것임을 배웠고, 이것은 그들 자신과 서로에 대한 이해를 강화시켜주었으며 더욱 친밀함으로 이어졌다. 하지만 마테오 내면의 작은 목소리가 계속 도움을 요청하기에 추가적인 내면 탐구가 필요하였다. 다음의 대화는 치료사가 어떻게 그가 그 부분을 돌보도록 해주었는지를 보여준다.

> 치료사 : 마테오 씨, 지난 회기 말미에, 우리는 깨지고 손상당했다는 이야기를 하는 목소리에 귀를 기울이기로 했었지요. 기억하세요?
>
> 마테오 : 그럼요. 그리고 난 선생님의 충고를 받아들였고 이번 주에 그 부분을 알아차렸을 때 사소하게 여기지 않았어요. 하지만 그게 창피스럽다는 것을 알기 때문에 힘들었어요.

치료사 : 좀 더 이야기해주세요.

마테오 : 그것에 대해 생각하고 나서 그 이야기를 하려고 하는 것이 약해 보여요. 너무 상처 받기 쉬워요. 하지 않는 것이 좋을 것 같다는 강한 느낌이 들어요.

치료사 : 당신에게 이 목소리를 판단하고 밀어내는 부분들이 있나요?

마크 : [맞장구치며] 네, 저 사람에게 있어요! 얼마나 저 사람이 이 부분을 싫어하는지 심지어 나도 알아요. 내가 이해하지 못하는 것이 아니에요.

마테오 : 내 부정적인 정신 상태(headspace)에 귀를 기울이는 것… 그건 내가 암에 걸리기 전에는 한번도 하지 않았던 거예요.

치료사 : 지금 조금만 귀기울여 보면 어떨까요? 이 목소리를 판단하는 모든 부분들에게 당신이 경청하도록 하게 할 의향이 있는지 물어보시지요.

마테오 : 지금으로선 그렇게 저항감이 느껴지지 않아요. 해보지요. [눈을 감는다]

치료사 : 저는 마크 씨를 체크하러 갈게요. [마크에게] 여유가 있나요? 마음이 열려 있나요? [그가 고개를 끄덕인다] 어떤 이유에서든 두 분 중에 한 사람이 불편하거나, 활성화되거나, 졸리거나, 아니면 그냥 현재 순간에 의식을 집중할 수 없는 느낌이 들기 시작하면, 저에게 알려주세요.

> **마크의 부분들이 분리되도록 돕기**

마크 : 그럴게요.

마테오 : 좋습니다.

치료사 : 준비됐나요, 마테오 씨?

마테오 : 제가 어렸을 때 그 부분은 천하무적이 되는 것이 대단히 중요하다고 생각한 것이 기억나요. 저는 몇 차례 얻어맞았지요. 그리고 고등학교에 등교한다는 것이 악몽이었어요. 그래서 저는 힘세고, 건강하며, 바람직하고, 타의 추종을 불허해야 한다는 것을 사명으로 하였습니다.

치료사 : 당신의 한 부분으로서 그것에 이름을 붙일 수 있을까요?

마테오 : 네! 나의 큰 부분.

치료사 : 그 부분은 누구를 보호하고 있나요?

마테오 : 어디로 가는지 알겠어요. 왕따를 당한 약하고 상처받기 쉬운 소년이에요.

추방자에게 이름 붙이기

치료사 : 맞아요. 당신의 마음의 눈으로 그가 보이나요?

마테오 : [뒤로 기대며, 눈을 감는다] 네.

치료사 : 그를 향하여 어떤 느낌이 드세요?

분리된 상태를 체크하기

마테오 : 안쓰러운 느낌이에요.

치료사 : 그게 동정인가요 아니면 염려인가요?

분리된 상태를 다시 체크하기

마테오 : 동정은 아니에요. 친절하고 열린 마음이에요. 그는 조그마해서, 큰 표적이 되지요.

치료사 : 누구에게서요?

마테오 : 그의 형제들과 다른 아이들에게서요.

치료사 : 그는 당신이 곁에 있다는 것을 알고 있나요?

참자아 - 부분의 연결을 북돋우기

마테오 : 네.

치료사 : 당신은 그에게 귀를 기울일 수 있는 여유가 있습니까?

마테오 : 네, 있어요.

치료사 : 그에게 이야기해주세요.

관계를 발전시키기

치료사 : [마크와 연결하며] 당신도 경청할 수 있지요? [마크가 고개를 끄덕인다]

마테오 : 왕따당하는 것은 정말 언짢아요.

치료사 : 그가 당신에게 말해주거나 보여줄 수 있나요?

마테오 : [고개를 끄덕인다] 그가 내게 보여주고 있어요.

목격하기

치료사 : 괜찮아요?

마테오 : 뒤덮였어요. 압도당한 기분이에요.

치료사 : 그가 강도를 도로 낮추기 위해서는 당신에게서 어떤 것이 필요한가요?

마테오 : 그는 내가 자기 곁에 머물지 않을까 봐 두려워하고 있어요. 자기가 속도를 줄이면 내가 자기를 밀어낼 거라고 생각하고 있어요.

치료사 : 그를 밀어내고 싶어하는 다른 부분들이 있나요? 전에 그를 밀어낸 적이 있나요?

**추방자로부터 위협을 느끼는 보호자들에게 이름 붙이기**

마테오 : 네. 있어요.

치료사 : 당신은 그에게 어떤 말을 하시나요?

마테오 : [목소리가 부드럽게] 내가 듣고 있어. 내가 여기 있지 않니.

치료사 : 그가 어떻게 반응하나요?

마테오 : 이미지의 속도가 느려지고 있네요.

치료사 : 그의 곁에 계속 머물 수 있겠어요?

마테오 : 네. [치료사가 마크를 기대하며 바라보니, 마크는 엄지를 치켜든다]

**연결을 유지하기 위해, 목격하는 파트너를 정기적으로 체크하기**

치료사 : 지금 어떤 것이 감지되고 있나요, 마테오 씨?

마테오 : 너무 많은 슬픔과 분노예요. 그는 화가 났어요. 모든 사람들은 속죄를 위해 재물로 바칠 염소, 즉 때리고, 무시하고, 상처를 줄 사람이 필요해 보였어요. 도움이 어디 있었나요? 그는 자신이 왜 보호받지 못했는지 묻고 있어요.

치료사 : 당신은 뭐라고 이야기하나요?

마테오 : [머리를 좌우로 흔들며] 정말 미안해.

치료사 : 그가 당신에게 보여줄 필요가 있는 구체적인 사건이 있나요?

마테오 : 그는 자기 형들이 어떻게 빨래방 건조기에 자신을 쑤셔 넣었는지 보여주고 있어요 [마크는 얼굴을 찡그린다] 그는 형들을 중단시킬 수 없었어요. 나는 형들이 건조기를 켤까 봐 두려워했던 것과 메스꺼웠던 것을 기억하고 있어요. 형들은 그러진 않았어요. 천만 다행이에요. 그가 나와서 쓰레기통에 토하니, 형들은 그것을 가지고 그를 놀렸어요.

치료사 : 그때 그는 어른이 어떻게 해주기를 바랐나요?

마테오 : 자신을 거기서 꺼내고, 형들을 바로잡아 주었으면 했지요.

치료사 : 당신이 그에게 그렇게 해줄 수 있나요?

마테오 : 해줄 수 있어요.

치료사 : 그는 그 당시 어른이 해주기를 바랐던 어떤 말이나 행동을 당신이 해주기를 바라고 있나요?

마테오 : [고개를 끄덕인다] 그가 내게 말하고 있어요. 내가 그 말을 해주고 있어요. [잠시 침묵] 내가 그의 형들에게도 이야기하고 있어요.

치료사 : 그는 그 사건 후 자신에 대해 어떤 결론을 내렸나요?

마테오 : 그는 나약하고, 깨지고, 능력이 없고, 무가치하다고 느꼈어요.

치료사 : 어린 소년으로서는 너무 버겁네요.

마테오 : 너무 슬퍼요!

치료사 : 지금은 그를 향하여 어떤 느낌이 드나요?

마테오 : 어떤 일이 일어났는지 알겠어요. 그는 그런 일을 당해야 할 이유가 전혀 없었어요. 내가 그를 돌보고 싶어요.

치료사 : 그가 알고 있나요?

마테오 : 네. 알고 있어요.

치료사 : 당신 두 사람은 지금 어디 있나요?

마테오 : 그는 현재 여기 내 곁에 있어요.

> 과거에서 현재로 자발적으로 데리고 나오기

치료사 : 그가 그 신념들의 짐을 내려놓고 싶어하나요?

> 추방자가 준비되어 있으면 짐을 내려놓도록 초대하기

마테오 : 오늘 우리가 할 수 있는 것은 거기까지인 것 같아요. 난 그냥 곁에 있어 주기만 하면 될 것 같아요.

> 아직 짐을 내려놓을 준비가 되어 있지 않음

치료사 : 좋아요. 그는 당신과 함께 있을 거지요?

> 중지 요청을 존중하기

---

마테오 : *그가 내 곁에 있어요.* [마크를 바라본다]

치료사 : *그가 마크 씨를 볼 수 있나요?*

마테오 : 네. 마크의 가슴이 열려 있는 것을 보고 있어요. 도움이 돼요.

마크 : 와, 마테오! 네 형들에 대한 이야기를 들은 적이 있어. 물론 지금 나는 그 형들을 알고
        있지. 하지만 네가 건조기 얘기는 한 번도 꺼내지 않았었어. 믿기지 않네! 정말 유감
        이야.

마테오 : 당연히 나는 강해져야 했어.

> **과거와 현재를 연결하기**

치료사 : *우리 그 이야기는 나중에 다시 하기로 합시다.*

---

우리가 목격하는 파트너가 정말로 여유를 가질 수 있을 것으로 예상할 때에만 부부 회기에서
개인 작업을 실시한다. 목격하는 파트너는 상대방이 조절하며 참자아의 이끎을 받는 상태를 유
지할 수 있도록 돕는다. 치료사는 두 파트너와 연결된 상태를 유지하고, 눈을 마주치거나 말로,
목격하는 부분을 정기적으로 체크한다. 내담자의 참자아와 목격하는 파트너가 함께 추방자에게
긍휼의 마음을 표현할 때, 그 결과는 관계의 **짐 내려놓기**(relational unburdening)가 된다. 관계 치
유가 강력하기는 하지만 타이밍이 맞아야 한다. 반면에, 때때로 우리는 파트너를 개별적으로 보
고자 할 수도 있다. 다음과 같은 경우 파트너들에게 개인 작업을 제의한다.

1. 부부치료가 정서적 또는 신체적 폭력으로 인해 안전하지 않은 경우
2. 각 파트너가 당신(치료사)하고만 시간을 갖기를 요청하는 경우
3. 파트너 중 한 사람 또는 둘 다 성이나 성생활에 대해 논의하기 위해 따로 만나기를 선호하
   는 경우

어떤 치료사들은 일상적으로 부부를 한 번 만나고, 그다음에 각 파트너를 개인적으로 한 회기
상담을 하고 난 후, 다시 부부를 한 자리에 모은다. 어떤 치료사들은 절대 이렇게 하지 않는다.
그러나 또 다른 사람들은 사례의 성격에 따라 결정한다. IFIO에서 우리가 특별히 추천하는 것은
없다. 우리의 일차적인 초점은 부부와 그들의 관계에 있다. 단 한 번의 회기든지, 여러 회기든지
우리가 파트너들하고만 만날 때에는 이러한 초점을 유지한다. 모든 임상가는 당면한 상황을 평

가하고 스스로 이 결정을 내려야 한다. 그러나 만약 당신이 파트너를 개별적으로 만나기로 결정하는 경우, 당신은 흔히 저지를 수 있는 다음과 같은 위험을 피하도록 한다.

1. 어떻게 개인 회기가 치료 계약에 적합한지 다루는 것을 잊는다.
2. 비밀에 대한 당신의 방침을 명확히 설명하지 않는다.
3. 개인 회기는 관계를 지원하는 데 초점을 맞추는 것이며, 당신은 그들의 관계를 위한 치료사임을 명확히 설명하지 않는다.
4. 한 사람만 만나고, 상대방을 만나지 않음으로써 치료 동맹(therapeutic alliance)에서 불균형을 야기한다.
5. 한 파트너를 신원이 밝혀진 환자로 만들고 이 파트너를 개별적으로 만나기로 합의함으로써 치료 동맹에서 불균형을 야기한다.

개인 회기를 갖는 이유에 대해 사전에 부부와 이야기하고, 비밀 관련한 가이드라인을 확립함으로써 안전감을 형성한다. 예를 들어, 어떤 치료사들은 내담자들에게 자신들은 비밀을 지키지 않겠다고 말함으로써 엄격한 경계를 지킨다. 다른 치료사들은 자신들이 치료의 맥락에서 내담자가 이러한 비밀을 공개하도록 도울 것이라고 이해시키면서 비밀을 유지한다. 다른 사람들은 비밀을 유지하는 것을 편하게 생각한다. 우리는 모든 IFIO 치료사들이 이 문제에 대해 자신들의 부분들의 이야기에 귀를 기울이며 진실성을 유지할 것을 권한다.

## 수치감 불어넣기와 수치스러움으로서의 수치심

사람들은 인간관계에서 알지 못하는 사이에 또는 고의적으로 서로에게 수치감을 불어넣는다. IFIO에서 우리는 외부적으로 수치감 불어넣기(external shaming)가, 내면적으로 수치감 불어넣기(inner shaming)와 수치스러움의 감정(feelings of shamefulness)으로부터 벗어나기 위해 잘 위장된 시도로 본다. 치료사들은 다음의 세 가지를 행함으로써 수치심의 적극적이고 바이러스적인 성격에 적응할 수 있다.

- 첫째, 부분들에 대해 내담자들과 이야기한다.
- 둘째, 행동(수치감 불어넣기) 또는 존재의 상태(수치스러움)로서의 수치심에 대해 말하고 쓴다. 이런 식으로 수치심을 바라봄으로써, 우리는 어린 시절의 애착 상처에서 유래한 내적 관계 드라마(internal relational drama)에 주의를 기울이는 방향으로 나아가게 된다. 특히 수치 당함에 대한 반응으로 사랑받을 만하지 못하거나 무가치하다고 느끼는 어린 아이들은,

행동을 취할 수밖에 없다고 느끼는 보호적인 부분들을 발달시킨다. 아이러니하게도, 사전 예방적 보호자들은 내면에서 수치감 불어넣기를 많이 하는 경향을 보이는 반면, 사후 반응적인 보호자들은 정반대로 하며 뻔뻔스럽게 행동하거나, 다른 사람들을 왕따시키는 것으로 반항한다.

- 셋째, 수치감을 불어넣는 보호자들과 온전히 친해진다. 우리의 목표는 추방자들의 짐을 내려놓고 이 보호자들을 해방시키는 것이다.

---

# 수치감 불어넣기와 수치스러움

다음의 대화는 이러한 가이드라인이 미카엘라와 조지 부부간의 회기에 어떤 영향을 미쳤는지 보여준다. 이 이성애자 부부(미카엘라는 유럽계 미국인이었고, 조지는 할아버지가 자메이카 사람이었다)는 수치심 문제를 탐구하기 위해 내방하였다. 미카엘라는 파트너인 조지가 다른 사람들에게 자신에 대해 심지어 긍정적인 것들을 말할 때도 많은 수치심을 느낀다고 하였다.

미카엘라 : 나는 남의 입에 오르내리는 게 싫어요. 내가 발가벗겨진 느낌이에요.

　치료사 : 당신은 그것을 알고 있었나요, 조지 씨?

조지 : 아마도 조금. 나는 그게 큰 문제인지 몰랐어요.

미카엘라 : 정말로, 나는 많은 말을 한 적이 없어요. 나는 항상 그의 감정을 조심하고 있어요. 그러자, 내가 눈치를 보고 있다고 다른 부분이 화를 내요.

조지 : 누가 당신보고 눈치보라고 했는데?

　치료사 : 여기서 제가 개입할게요. [미카엘라에게] 조지 씨에게 수치감을 불어넣지 않으려고 조심하는 부분이 당신에게 있나요?

미카엘라 : 저 사람은 수치당했다는 느낌이 들면 화를 내요. 지금처럼. 그래서 내가 아무 말도 하지 않아요.

조지 : 나는 화 안 났어! 당신은 항상 내가 어떤 느낌일 거라고 내게 말하고 있어.

　치료사 : 제가 방해해도 될까요? [그들은 끄덕인다] 이 역동은 중요해요. 제가 방금 들은 것

을 요약해볼게요. 미카엘라 씨, 당신에게는 조지 씨가 당신에 대해 이야기하면 발가벗겨진 느낌을 갖는 부분이 있어요. 그리고 조지 씨가 수치감을 갖고 화를 낼까 봐 두려워하기 때문에 그에게 아무 말도 하지 말라고 경고하는 한 부분이 있어요. 맞나요? [그녀는 고개를 끄덕인다] 그리고 당신에게는, 그가 화를 낼까 봐 당신이 눈치를 보고 있다고 생각하여 그에게 화를 내고 있는 또 다른 부분이 있어요. 맞나요?

미카엘라 : 나한테도 화를 내요.

치료사 : 그렇군요, 그런 다음, 어떤 일이 일어나나요?

미카엘라 : 그를 비판하지요.

치료사 : 그리고 아내가 비판할 때, 조지 씨, 당신은 어떤 행동을 하나요?

조지 : 화를 내요.

치료사 : 당신에게는 화를 내는 부분이 있네요. 이 부분이 화를 내기 직전에 어떤 일이 일어나나요?

조지 : 나쁜 아이가 된 느낌이에요.

치료사 : 그럼 당신에게는 나쁜 아이라는 말을 듣고 있다고 느끼는 부분과 그 말에 대해 화를 내는 부분이 있지요?

조지 : 네.

치료사 : 그리고 당신 내면에 당신이 나쁘다고 이야기해주는 어떤 부분이 있나요?

조지 : 네. 제게 미카엘라 말이 맞다고 말하는 부분이 있어요

미카엘라 : 그래?

조지 : 응. 하지만 난 그 부분의 말에 동의하지 않아.

치료사 : 그래서 한 부분은 그녀의 비판이 맞다고 당신에게 이야기하지만, 다른 부분은 동의하지 않는군요. 이 문제를 잠깐 계속해도 될까요? [그들은 고개를 끄덕인다] 두 분 다 내면에 수치감을 불어넣는 부분들뿐만 아니라, 수치심을 느끼는 부분들도 있는 것으로 들리네요. 그리고 두 분은 또한 상대방에게 외부적으로 (즉, 서로에 대해) 수치감을 불어넣는 부분들이 있음을 확인하였어요. 맞나요? [그들은 고개를 끄덕인다] 두 분은 이것이 처음 듣는 이야기인가요?

미카엘라 : 뭐 그런 셈이죠. 나는 지금까지 이런 식으로 생각해본 적이 없어요. [빙그레 웃으며] 정말 수치감 불어넣기가 벌어지고 있네요!

치료사 : 네, 정말 그렇습니다.

이 시점에서 치료사는 수치심 사이클을 요약하고 그것이 두 파트너 안에서 활동하고 있었다고 지적하였다. 미카엘라와 조지 둘 다 치료사의 요약을 들은 후 안도하는 듯이 보인다. 미카엘라가 빙그레 웃자, 조지는 의자에 등을 기대었다.

조지 : 우리에게 어떤 희망이 있을까요?

치료사 : 네. 이 모든 수치감 불어넣기, 수치스러움, 그리고 분노는 복잡하게 보일 수도 있어요. 하지만 흔한 일이므로, 우리는 두 부분의 부분들을 도와드릴 수 있어요. 약간의 내면 질문(inner inquiry)을 해주실 의향이 있나요? [그들은 고개를 끄덕인다] 내면으로 들어가 두 분의 수치감 불어넣는 부분들에게 이 질문을 해보세요. "만약 상처받은 부분들을 도울 수 있어서 그 부분들의 수치스러움의 감정이 자주 갑자기 튀어나오지 않는다면, 여전히 비판할 필요가 있을까?"

조지 : 아니요, 없어요.

미카엘라 : 내 부분도 역시 아니라고 하네요. 하지만 누구도 과거를 바꿀 수 있다고 믿지는 않는다고 하네요.

보호자들에게 이러한 가상의 질문을 하는 것은 매우 중요하다. 첫째, 그것은 우리가 부분의 행동을 유발하는 근본적인 문제를 해결할 수 있다고 자신 있게 이야기하는 것이다. 둘째, 그것은 다음과 같이 그 부분이 자신의 미래에 대해 생각해보도록 초대하고 있는 것이다. 그 부분이 이러한 임무를 수행할 동기를 가지고 있지 않다면 어떤 일이 일어나겠는가? 일단 보호자가 자신의 문제에 이름을 붙이고(예 : 수치스러움을 느끼는 추방자) 추방자가 도움을 받으면 기분이 나아질 수 있다고 치료사가 제의하면, 보호적인 부분들은 종종 반대하며 불가능하다고 주장한다. 보호적인 부분들은 지금까지 수치스러움이라는 근본적인 문제를 해결할 수 없었고, 앞으로도 해결할 수 없을 것이기 때문에, 우리는 그들의 염려를 확인한다. 동시에, 우리는 실제로 추방자를 돕는 방법을 가지고 있음을 자신 있게 이야기한다.

치료사 : 당신의 비판자가 반드시 좋은 결과가 있을 것을 확신해야 할 필요는 없어요. 새로운 무언가를 기꺼이 시도해보려는 의지만 있으면 되지요. 해보시겠어요?

미카엘라 : 시험삼아.

치료사 : 괜찮아요. 그럼 미카엘라 씨 당신에게 이 질문을 하고 나서 조지 씨에게 물어보도록 할게요. 어떤 것이 먼저였지요? 안팎으로 수치감을 불어넣는 부분들인가요, 아니면 수치스러움의 느낌인가요?

**내면의 수치심 사이클이 계속 굴러가게 만드는 짐의 근원을 생각하도록 방향을 조종하기**

미카엘라 : [잠시 생각한 후] 나의 엄마는 냉정한 편이에요. 내가 어렸을 때, 대체로 엄마는 상냥하고 재미있었어요. 그리고는 이런 경멸의 눈빛으로 나를 얼어붙게 만들곤 하였지요. 나는 그 이유를 전혀 알지 못했어요. 나는 그런 일이 일어날 것이라 예상할 수 없었어요. 엄마는 화를 내고는 그냥 가버리곤 했어요.

조지 : 미카엘라 엄마는 미쳤네요.

미카엘라 : 인정하긴 싫지만, 내면의 비판적인 목소리는 바로 우리 엄마예요.

치료사 : 그럼, 수치스러움을 느끼는 부분은?

미카엘라 : 어린 소녀예요. 그 아이가 보여요.

치료사 : 그럼 엄마가 그 아이에게 수치감을 불어넣은 후, 또 다른 부분이 내면에서 그 아이를 비판하는 임무를 떠맡았단 말인가요? [미카엘라는 고개를 끄덕인다] 그 비판자는 그 아이에게 무얼 해주고 싶어 하는가요?

미카엘라 : 바보 같은 소리로 들리지만, 그 아이가 안전하길 원한다고 하네요.

치료사 : 이 전략이 효과가 있나요?

미카엘라 : 아니요.

위 사례에서 보듯이, 어린 시절의 관계 상처(relational injury)는 성인 보호자들의 관계적 두려움(relational fears)에 대한 토대를 마련한다. 이러한 내적 수치감 불어넣기(inner shaming) 사이클을 조명함으로써, 파트너들은 보호자들의 두려움의 뿌리로 거슬러 올라갈 수 있다. 여기에는 수치를 당하는 원래의 경험뿐만 아니라, 뒤따라오는 내적 수치감 불어넣기도 포함된다. 부분들이 분리되고, 참자아가 여유가 생기면, 파트너들은 자신들의 맹렬한 내적 수치감 불어넣기를 알아차리고, 그에 대해 책임을 질 수 있다. 만약 상대방도 자신들에게 수치감을 불어넣고 있다면, 그들은 그것에 상처를 덜 받게 되고 좀 더 참자아의 이끎을 받는 반응을 하게 된다. 만약 상대방이 자신에게 수치감을 불어넣고 있지 않다면, 그들은 자신들의 보호자들이 투사하는 방식을 알아차리고 그에 대해 책임을 질 수 있다.

IFIO의 목표는 부부들이 서로 다를 뿐만 아니라, 어려울 수도 있는 대화를 명료성, 자신감, 용기를 가지고 해나갈 수 있도록 문을 열어주는 것이다. 그들이 충분한 내적 자원을 가지고 있다는 것을 깨달을 때, 그들은 관계적 위험을 더 자유롭게 무릅쓰게 된다. 따라서 IFIO는 과거에 수치를 당한 적이 있다는 것이 가져다주는 독성 효과를 평가하고 치유하는 것을 우선시한다. 그에 더하여, 우리는 치료사들이 자신들의 수치감 불어넣기와 수치를 당한 부분들에 대해 잘 알고 두려워하지 않게 되는 것보다 더 나은 투자는 없다는 입장을 고수한다. 치료사들은 압도당한 느낌을 갖고 있거나, 혹은 수치감을 불어넣는 내담자의 보호자들이나 수치스러워하는 추방자를 피하고 싶어 하는 자신의 부분들이 하나라도 있는지 감지하여야 한다. 회기에서, 치료사들은 나중에 다시 돌아오겠다고 약속함으로써 이 부분들이 분리되도록 돕는다. 수치감 불어넣기와 수치당한 부분들이 더 이상 우리에게서 수치스러움을 불러일으키지 않을 때, 우리는 도움을 줄 수 있게 된다.

부부치료에서 수치감 불어넣기와 수치스러움을 치유하기 위해, 우리는 치료사로서 적극적인 역할을 취하기 위한 명확한 계약을 맺고, 지시적이기 위한 허락을 받는다(예 : "속도를 늦춰주세요."). 우리는 또한 한 회기 동안에 여러 차례, 그리고 치료 전반을 통해 여러 번에 걸쳐, 부부의 수치심 사이클을 반복하며, 동시에 각 파트너의 욕구를 확실히 검증한다. 일단 부부의 수치심 사이클이 파악되면, 우리는 몸에 초점을 맞추고 내담자가 그 감각을 향하여 어떤 느낌을 갖는지 물어봄으로써, 각 파트너의 수치감을 불어넣으며 남 탓하는 보호자들이 분리되도록 도와준다. 몸의 수치스러움은 내담자의 자세, 눈 맞춤, 목소리 톤을 통해 눈에 띈다. 우리는 내담자를 안전하게 지키고자 하는 보호자들의 의도와 돕고자 하는 그들의 노력을 고마워함으로써 보호자를 확인한다. 그리고 동시에 우리는 상처받은 추방자들의 욕구를 확인한다. 우리가 극단적인 감정 상태와 부담을 가져다 주는 신념의 형태로 지속되는 후유증(sequelae)을 가지고 있는 어릴 적 사건에 도달하여, 상대방 파트너 면전에서 내담자의 보호자들뿐만 아니라 그들의 추방자들을 해방시킬 수 있게 된다.

# 수치감 불어넣기로 인한 상처 치유하기

다음 사례는 수치심 상처가 어떻게 파트너의 지지로 치유될 수 있는지를 보여준다. 40대 후반의 유럽계 미국인 이성애자 부부인 그웬과 와이엇은 쌍둥이 아들들이 대학 진학을 위해 집을 떠난 후 치료를 받으러 왔다. 그들은 지난 18년 동안 아들들을 키우고 좋은 생활 방식을 유지하기 위해 일하는 것에 집중하였다고 이야기하였다. 그러나 이 과정에서 정서적, 신체적 친밀감을 잃었고, 그들의 관계는 종종 두 사람 모두에게 불쾌하게 느껴졌다. 그웬은 와이엇을 얕보며 수치감을 불어넣음으로써 그의 관심을 끌려고 하는 버릇이 있었다. 와이엇의 보호자들은 바로잡기 위해 노력하는 것으로 대응하였지만, 그것으로 그녀의 행동을 중단시키지 못하면, 그들은 대화를 거부하며 철수하곤 하였다. 이때 부부는 갈등을 피하고 점점 대화의 단절로 이어졌고, 이로 인해 그들은 불만족과 절망감만 쌓이게 되었다. 치료에서, 그들은 교착 상태를 깨고 다시 연결될 수 있기를 원했다.

그렇게 하기 위해, 그들은 자신들의 보호 충동(protective impulses, 특히 회피)과 수용과 사랑에 대한 정서적 욕구에 대해 배웠다. 여기에는 그들이 이러한 욕구가 충족되지 않을까 봐 두려워할 때 어떻게 갈등이 일어나는지도 포함되었다. 그들의 반응성이 수치감 불어넣기의 초기 경험과 연결되어 있다고 가정하면서, 치료사는 천천히 그리고 존중하는 태도로 그들의 내면 작업 심화를 지원하기 시작하였다. 와이엇과의 대화가 보여주듯이, 모든 수치심 사이클이 분노와 비난을 포함하는 것은 아니다. 물론 그웬도 그녀의 화난, 상처받기 쉬운 부분들을 탐구할 필요가 있었으나, 치료사는 그 작업을 다른 기회로 미루었다.

그웬 : [좌절하여] 허구한 날 똑같은 줄다리기에 너무 지쳤어. 당신은 그냥 내 곁에 있고 싶지 않은 거야.

와이엇 : 무슨 소리하고 있는 거야? 난 항상 당신 곁에 있으려고 노력하고 있어. 나는 당신이 무엇을 필요로 하는지 알아내려고 노력하고 있단 말이야. 하지만 내가 아는 것이라고는 네가 화났다는 것밖에 없어.

그웬 : 그건 함께 있는 것이 아니야. 그건 마치… 경계하는 거지. 당신은 지켜보며 기다리고 있는 거야.

치료사 : [그웬에게] 당신에게는 와이엇 씨와 더 많은 연결을 바라는 좌절한 부분이 있네요. 그렇죠?

> 즉시 부분들과 욕구에 이름 붙이기

그웬 : 맞습니다.

치료사 : [와이엇에게] 그리고 당신에게는 그웬과 연결하려고 노력하지만 성공하지 못하고 오히려 그녀가 화내는 것을 경험하는 부분이 있네요. 내 말이 맞나요?

> 동의 체크하기

와이엇 : 네! 저 여자는 항상 화가 나 있어요. 내가 아무리 열심히 노력해도 제대로 알 수가 없어요.

치료사 : 두 분 다 이 패턴을 인정하시나요? 그웬 씨에게는 연결의 욕구를 가지고 있는 부분과 그 욕구를 대변하는 좌절한 부분이 있는 반면, 와이엇 씨에게는 연결을 하려고 애쓰고 애쓰지만, 결코 성공한 느낌을 갖지 못하는 부분이 있어요. [와이엇에게] 그리고 어떤 게 있지요?

> 인식 가능한 보호 패턴을 파악하기

와이엇 : 나만의 동굴에 들어가지요.

치료사 : [와이엇에게] 그리고 당신이 동굴에 들어가면 그웬 씨는 좌절하게 되지요. 그리고 그웬 씨가 좌절감을 표현하면, 당신은 더 뒤로 물러나고요. 그리고 그 사이클이 계속되어, 결국 어떤 일이 일어나나요?

와이엇 : 난 포기하고 완전히 사라지지요.

치료사 : 그럼 그웬 씨는 어떻게 하나요?

> 영향에 대한 인식을 체크하기

와이엇 : 저 사람도 사라지지요, 그리고 우리 둘 다 기분이 안 좋지요.

그웬 : [맞다고 고개를 끄덕인다] 마치, 왜 굳이 애쓰는 거야?

치료사 : 이게 당신들의 패턴이에요. 왜 이 패턴을 깨기 어려운지 이해하기 위해, 좌절과 절망 저변에서 어떤 일이 일어나고 있는지 살펴볼까요?

> 보호자들 너머 우리가 보게 될 추방자들을 안심시키기

와이엇 : 좋아요. [그웬도 고개를 끄덕인다]

치료사 : 그웬 씨, 당신의 좌절한 부분이 지금 여기 있는 것 같아요. 맞나요?

그웬 : 사실, 난 다시 시작하고 싶어요. 내 좌절감에서 말하는 건 효과가 없어요. 그렇지요? 다시 시작해도 될까요?

이 시점에서, 그웬은 자신의 보호자가 비판적이라는 것을 깨닫게 되었다. 그녀는 잠시 말을 멈추고 그 부분의 입장에서가 아니라 그 부분을 대변할 기회를 요청하였다. 그녀의 보호자가 와이어트에게 상처를 주고 있었다는 것을 깨닫고 다른 행동을 시도해보기로 선택한 것은 관계 회복의 성격을 띠고 있었다.

치료사 : [와이엇에게] 그웬 씨가 다른 것을 시도해보도록 할 여유가 있으세요?

> 허락을 구하기

와이엇 : [미소 지으며] 물론이죠!

그웬 : 사실, 내게는 충족되지 않는 욕구가 있어. 그리고 나는 질문하는 것에 그리 능숙하지 못하다는 것을 누구보다 인정해. 하지만 나의 이 부분이 당신에게 이야기하고 싶은 것은, 내가 어떤 것을 원하고 필요로 하는지를 알아내려고 그토록 애쓰는 당신의 부분이 제대로 이해하고 있지 못하다는 거야. 나는 돌봄이 필요 없어. 그리고 내가 그에 대해 좌절감을 느낄 때, 당신이 도망가버리면 나는 완전히 혼자야.

치료사 : [와이엇에게] 경청하면서 어떤 일이 일어나고 있나요?

> 유 - 턴 초대하기. "어떤 일이 일어나고 있는가?"는 "어떤 느낌인가?"라고 묻는 것보다 더 효과적인 유 - 턴 초대장이다.

와이엇 : 솔직히 혼란스럽네요. 어떻게 해야 할지 모르겠어요.

치료사 : 당신에게는 무언가를 해보려고 애쓰는 부분이 있어요. 더 말해보세요.

**부분과 그의 활동에 이름 붙이기**

와이엇 : 이봐요, 나는 항상 문제 가운데 있는 것 같다는 느낌이에요. 내가 해야 할 다른 어떤 일이 있음에 틀림없어요, 그렇지요?

치료사 : 무언가 하려고 애쓰는 부분의 희망은 어떤 것인가요?

**그 부분의 희망(또는 두려움)에 살을 붙이기**

와이엇 : 내가 제대로 알고 일이 어떻게 진행되는지 이해하는 것이지요.

치료사 : 그웬 씨가 행복해지도록이요? [그가 고개를 끄덕인다] 그리고 어떤 게 있지요?

**질문을 심화시키기**

와이엇 : [긴 침묵이 흐른 후] 모르겠어요… 저 여자는 날 좋아하겠지요. 나는 성공했다고 느낄 것이고. 저 여자의 눈에 내가 실패자는 되지 않겠지요.

치료사 : [그웬에게] 이것을 알고 계셨어요?

그웬 : 꼭 그렇지는 않아요. 저 사람이 지금 하고 있는 말은 알지 못했어요.

치료사 : [그웬에게] 더 알고 싶으신가요?

그웬 : 네!

치료사 : [그웬에게] 와이엇 씨가 여유가 있어 지금 나와 함께 몇 가지 탐구할 수 있다면, 당신은 귀를 기울일 여유가 있나요?

**어떤 부분들도 반대하지 않는 진정한 동의를 구하기**

그웬 : 네, 있어요.

치료사 : [와이엇에게] 지금 저와 함께 몇 가지 탐구를 하며, 실패자인 것처럼 느끼는 이 부분을 알아갈 의향이 있나요?

와이엇 : 네, 있어요.

치료사 : [와이엇에게] 어떤 부분들이 염려사항을 갖고 있는 것 같아요. 우리가 더 진행하기 전에 그것을 체크해보지요.

와이엇 : 아이구, 참. 난 이런 '부분들 탐구하기' 같은 거 별로 좋아하지 않는데.

치료사 : 이해해요. 당신의 경계하는 부분들을 안심시켜 드릴게요. 여기서는 당신이 책임자이고, 당신은 무엇을 할 수 있는지 말해도 돼요. 만약 당신이 이렇게 할 의향이 있다면, 우리는 당신의 염려하는 부분들을 정기적으로 체크할 거고, 그들은 언제든지 대화에 끼어들어도 됩니다.

> 보호자들이 필요하다고 느낄 경우 그들이 근처에 있다가 자기 임무를 수행하도록 초대하기

와이엇 : 괜찮은 것 같네요.

치료사 : [그웬에게] 당신은 오늘 와이엇 씨의 질문을 목격하기로 동의하셨어요. 당신을 확인하고 싶어요. 그것은 진정으로 하시는 동의인가요? 주저하는 부분들이 하나라도 있나요?

> 경청하는 파트너의 활성화된 부분들이 분리되도록 돕기

그웬 : 네, 확실해요. 정말로 호기심을 가지고 있어요.

> 내담자의 참자아를 이야기하는 'C' 단어(호기심, 배려, 긍휼의 마음)에 귀 기울이기

치료사 : [그웬에게] 도움이 필요하시면, 전 여기 있어요.

> 내담자를 안심시키고 지속적인 도움을 제의하기

치료사 : [와이엇과 계속하며] 아까 당신이 많은 부분들을 언급하는 것을 들었어요. 그웬 씨를 돌보고자 애쓰는 경계하는 부분, 갈등을 피하기 위해 뒤로 물러나는 부분, 그웬 씨의 눈에 실패하고 싶지 않아하는 부분.

> 부분들에 이름을 붙여 분화시키고 분리를 지원하기

와이엇 : 맞는 것 같아요. 나는 지금 패배한 기분이에요.

치료사 : 거기서 시작하면 어떨까요? 패배한 느낌으로부터.

와이엇 : 무섭네요.

치료사 : 거기에 초점을 맞추어도 괜찮겠지요? [그가 고개를 끄덕인다] 왠지 낯익은 느낌인가요?

와이엇 : 내 평생 삶이 그래요. 애쓰고 애쓰지만, 결코 제대로 된 적이 없어요. 아마 아이들 키우는 것 빼고는. 내 생각에 아이들한테는 잘한 것 같아요. 아, 그리고 내 전문 분

야에서도 잘한 것 같아요. 하지만 인간관계에서는 실패자예요.

치료사 : 판단하는 부분이 있네요. 그 부분은 당신이 그웬과의 관계에서 패배자라고 생각하나요?

> **내면 수치감 불어넣기에 이름 붙이기**

와이엇 : [화가 나서] 분명히 그웬은 그렇게 생각해요. 저 여자가 이제 그만 불평하면 좋겠어요.

> **그의 외부 수치감을 불어넣는 부분('외부 판사')을 드러내기**

치료사 : 당신이 패배자라고 느끼는 부분도 있고 당신이 그렇게 느낄 때 그웬 씨를 비판하는 부분도 있네요. 이 부분들이 조금만 뒤로 물러날 수 있을까요? 당신이 기분 언짢아 하는 부분에 초점을 맞출 수 있도록.

와이엇 : 화를 내는 게 나을 것 같아요.

치료사 : 이해는 돼요. 질문 하나 할까요? [그가 고개를 끄덕인다] 당신과 그웬 씨를 판단하는 부분들이 패배자 같은 느낌을 갖지 못하도록 당신을 보호하고자 애쓰고 있다는 것이 이해가 되시나요?

와이엇 : 그럼요! 누가 이것을 원합니까?

치료사 : [그웬에게] 당신도 이해되시나요?

그웬 : 네.

치료사 : 좋아요. 와이어트 씨, 이 판단하는 부분들에게 물어보지요. 그 부분들이 부드러워져 당신이 무언가 새로운 것을 시도해볼 수 있게 할 의향이 있는지.

> **보호자들이 분리되도록 돕기**

와이엇 : [눈을 감는다] 저 여자가 괜찮은지 확인하고 싶어하는 것과 저 여자에게서 뒤로 물러나고 싶어하는 것 사이의 불편한 긴장감이 느껴져요.

치료사 : 당신이 아까 그 부분들을 언급했어요. 그들이 여기 있군요.

와이엇 : 네.

치료사 : 그웬 씨는 잘 지내고 있다고 장담할 수 있어요. 그녀는 내 곁에서 호기심을 느끼고 있어요. 그들이 당신에게 약간의 여유를 주여, 우리가 그 판단하는 부분들을 계속 체크할 수 있을까요?

와이엇 : 좋아요.

치료사 : 그들은 당신이 새로운 것을 시도해보도록 할 의향이 있나요?

와이엇 : 마지못해 그렇다네요. 그들이 떠나지만 않는다면요.

치료사 : 지금 어떤 것이 감지되나요?

와이엇 : 뱃속에 응어리가 있어요. 이건 너무 익숙해요. 우리 엄마예요. 엄마는 항상 필요하
지만, 얻을 수 없었어요. 저는 어찌할 바를 몰랐어요. 도대체 우리 아버지는 어디
있었는지!

치료사 : 아버지는 어디 계셨나요?

와이엇 : 그냥 개망나니로 얼쩡거리면서, 날 모욕하는 걸 좋아했어요. 항상 부러워했어요!

치료사 : 여기 아버지에게 화가 난 부분이 있네요. 어느 부분에 먼저 주의를 기울일까요?
화난 부분? 아니면 패배자라고 느끼는 부분?

와이엇 : 패배자요.

치료사 : 이제 그 부분을 향하여 어떤 느낌이 드시나요?

> 섞임을 체크하기

와이엇 : 안됐어요.

치료사 : 친절인가요? 아니면 동정인가요?

와이엇 : [손으로 얼굴을 감싸며] 조금씩 둘 다예요. [치료사는 그웬을 향해 몸을 돌려 눈을 마주
친다.]

> 회기 내내 파트너와 연결을 유지하기

그웬 : 너무 슬픈 이야기네!

치료사 : [와이엇에게] 그웬 씨 말을 들었어요?

와이엇 : 네, 하지만 동정은 원치 않아요.

그웬 : 난 당신을 동정하는 게 아니야! 듣고 있는 거야. 기억하고 있잖아, 내가 당신 아버지
를 잘 알고 있었다는 거. 아버지는 당신을 없애버리고 싶어 했어.

이 시점의 대화에서 그웬이 한 말은 자신이 분리되어 있으며, 마음이 열려 있다는 신호를
주었다. 이런 종류의 능동적이고 섬세한 경청은 안전감을 만들어내고, 프로세스를 심화시

킨다.

와이엇 : [울면서] 그래. 고마워. 도움이 되네. 하지만 난 여기서 벗어나야 해 [그의 눈은 여전히 꼭 감겨있다] 너무 힘들어!

치료사 : 우리는 당신을 언제든 여기서 벗어나게 해줄 수 있어요. 하지만 지금 내면에서 누가 압도당하는 느낌을 갖고 있는지 먼저 체크해볼 수 있을까요?

안심시키고 허락을 구하기

와이엇 : 우리가 기다리라고 부탁했던 부분들 모두예요.

치료사 : 그들에게 어떤 일이 일어나고 있나요?

와이엇 : 정말 부끄러워요.

치료사 : 만약 우리가 그 부분을 수치심으로부터 해방시킬 수 있다면, 당신의 다른 모든 부분들에 도움이 될까요?

와이엇 : 엄청난 안도감을 줄 거예요.

치료사 : 좋아요. 우리가 그렇게 하기 위해서 모든 부분들의 허락을 받나요?

와이엇 : 좋습니다.

치료사 : 와이엇 씨, 당신의 어머니는 자신을 돌보아 달라고 당신에게 많은 압박을 가했지만, 아버지는 당신에게 모욕을 주었다고 들은 것 같았는데. 내가 제대로 이해했나요?

와이엇 : 그렇습니다. 정확합니다.

치료사 : 이런 식으로 압박받고 수치당한 소년이 보이나요?

와이엇 : 네.

치료사 : 그를 향하여 어떤 느낌이세요?

분리 상태를 체크하기

와이엇 : 그에게 관심을 갖고 있어요.

치료사 : 그의 곁에 머물러도 괜찮겠어요? [와이엇은 숨을 크게 쉬고 고개를 끄덕인다] 그가 몇 살인가요?

와이엇 : 나이가 많아요.

치료사 : 그가 몇 살 때까지 거슬러 올라갈 수 있나요?

와이엇 : 세 살까지요

치료사 : 세 살짜리가 보이나요? [와이엇이 고개를 끄덕인다] 그 아이 소리가 들립니까? [와이엇이 고개를 끄덕인다] 그 아이가 느껴집니까?

와이엇 : 그 아이가 느껴져요.

치료사 : 그를 향하여 어떤 느낌이 드세요?

> 다시 분리 상태를 체크하기

와이엇 : 내 마음이 열려있어요.

치료사 : 그 아이는 그 당시 어른한테서 어떤 것을 받아야 했는데 받지 못한 거예요? [고개를 끄덕이는 그웬과 눈을 마주치며]

> 파트너와 연결을 유지하기

와이엇 : 그 아이는 아이가 되어야 했어요, 물건이 아니라!

치료사 : 물론 그랬지요. 당신이 이해한다고 이야기해주시겠어요?

와이엇 : [눈을 뜨고 그웬을 바라본다] 잘못 이해할까 봐 두려워요. 이해되는 것 같아요. 위험 부담이 너무 컸어요 [그웬이 고개를 끄덕인다]

치료사 : 가능하면 조금만 더 그 아이 곁에 머무르세요. [와이엇이 눈을 감는다] 그 아이는 당신에게 어떻게 반응하나요?

와이엇 : 내가 곁에 있는 것을 기뻐해요.

치료사 : 그 아이는 자신이 어떻다고 믿게 되었나요?

와이엇 : 알겠어요. 그 아이는 모든 것이 잘못되었고 무가치하다고 느꼈어요.

치료사 : 그 아이는 그것을 내려놓을 준비가 되었나요? [와이엇이 고개를 끄덕인다] 몸에서 어떤 일이 일어나고 있나요?

> 자율신경계 활성화를 체크하기

와이엇 : 이상하게 편안한 기분이에요.

치료사 : 그 아이는 지금 어디 있나요?

와이엇 : 음… 그 아이는 그냥 내 곁에 있고 싶어해서 그곳을 나왔어요. 내 곁에 있어요.

치료사 : 그 아이는 잘못되고 무가치하다고 느끼는 짐을 내려놓을 준비가 되어 있나요?
[와이엇이 고개를 끄덕인다] 그 아이는 어떻게 하고 싶어 하나요?

와이엇 : [울면서] 그 아이는 너무 어려요. 내 아들들을 안고 있는 것처럼 그 아이를 안고 있
어요. 그 짐이 그 아이에게서 빠져나가고 있어요. 이래도 괜찮은가요?

치료사 : 그 아이가 괜찮아하나요?

와이엇 : 네. 좋아요. 잘 되었어요. 그 아이는 좋은 상태예요.

치료사 : 그 아이는 지금 어떤 것이 필요한가요?

와이엇 : 안전하게 내 품에서 잠을 자는 것이요. 그 아이는 그냥 같이, 아시다시피 내 곁에
있고 싶어 해요.

치료사 : 판단하는 부분들과 그 경계심 많은 돌보미는 지금 어떤가요?

와이엇 : 편안해해요 당분간은.

치료사 : 언젠가는 그들이 자신들의 이야기를 할 기회를 갖고 싶어 하나요?

와이엇 : 그런 것 같아요. 두고 보지요.

치료사 : 네. 그들이 어떤 것을 필요로 하는지 두고 보지요. 그들이 당신에게 알려줄 거예
요. 적절할 때, 되돌아가보세요. 시간을 갖고 천천히 하세요.

와이엇은 자신의 상처받은 아이와 애정 어린 접촉을 했다. 그 후 부부는 남은 회기 시간을
어릴 적에 만성적인 수치심 불어넣기가 어떻게 와이엇이 자신이 수치스럽다고 믿게 만들
어 그의 중요한 대처 전략으로 이어졌고, 그들의 성인으로서 함께하는 삶에 영향을 미쳤는
지 이해하는 데 보냈다.

## 치료사가 관계적 실수를 할 때[*]

대부분의 내담자는 치료사가 권위의 위치에 있다는 것을 알고 있으며, 우리는 이것을, 영향을 끼치고 자원으로서 행동할 수 있는 능력으로 정의한다(Barstow, 2005). 권위를 대접받기 위해서는 선한 의도 이상의 것이 필요하다. 우리는 우리의 역할을 명료함과 염려함과 긍휼의 마음으로 보듬을 필요가 있다. 우리는 치료 관계 안에서의 힘의 차이(power differential)를 이해하고, 우리의 실수가 내담자들에게 영향을 미치는 방식에 민감할 필요가 있다(Barstow, 2005). 치료 관계를 포함한 모든 가까운 관계에서도 잘못된 연결, 감정 소통의 결여(misattunement), 상처 및 갈등을 겪는다. 불행한 사건과 실수는 관계 가운데 있는 상태에서 피할 수 없는 일부이다.

우리의 임무는 우리의 역할과 행동에 책임을 지고 필요에 따라 수정하는 것이다. 신뢰를 회복하고, 연결을 새로이 하며, 관계를 강화하는 방법에 대한 모델을 만들 필요가 있다. 실수는 맥락에 따라 좌우되지만, 어떤 실수는 공통적이다. 여기 몇 가지 예가 있다. 치료사에게는 다음과 같은 기능을 하는 부분이 있다.

- 내담자의 보호자를 권력 다툼에 참여시킨다.
- 어떤 이유에서인가 감정 소통의 결여로 잘못 이해하여, 내담자가 공감 장애를 경험한다.
- 암묵적 편견으로 인해 미묘한 차별(microagression)을 한다.
- 비용, 스케줄 또는 제공할 수 있는 것과 제공할 수 없는 것에 대해 명확하지 않다.
- 내담자가 피드백을 할 때 방어적이 된다.
- 먼저 내담자의 허락을 얻지 않고 자기 자신의 경험에 대해 이야기한다.
- 치료 관계가 상호적이지 않다는 것을 인식하지 못한다.
- 성적인 전이 또는 역전이를 적절하게 다루지 못한다.

우리가 긍정적인 의도를 가지고 있을지라도 내담자에게 부정적인 영향을 미칠 수 있다. 그러나 내담자의 부분들이 자유롭게 자신을 표현하지 않는 한, 우리의 치료 개입의 진정한 영향과 우리가 관계 파열을 야기했는지에 여부에 대해 알게 될 가능성은 희박하다. 우리는 조심스럽게 경청하되, 우리 자신을 방어하지 않고, 우리의 영향에 대해 호기심을 유지함으로써 이러한 수준의 편안함을 만들어낸다. 또한 내담자가 누군가 자기 말을 듣고 있다는 느낌을 가지며("대변하고

---

[*] 본 섹션의 아이디어와 관찰에 기여한 미셸 보그라드 박사에게 감사한다. 우리는 이어지는 내용 전체에서 그녀의 생각 일부를 바꾸어 표현하였다.

싶은 것이 더 있나요?")(Barstow, 2005) 내담자의 보호자들이 기꺼이 분리될 때까지, 우리는 우리가 정말로 의미하는 바를 말하기 위해서 기다리는 것을 염두에 두어야 할 필요가 있다.

좋은 대인관계의 경계(boundary)를 유지하는 것은 실수 발생 가능성을 줄이고 실수가 발생하더라도 그 영향을 완화시킨다. 좋은 경계는 안전한 분위기를 만들고 치료 동맹에 필수적이다. 관계에서 가장 많은 자원을 가진 사람으로서, 우리는 경계를 설정하고, 의사소통하며, 유지하는 책임을 지고 있다. 우리의 내담자들이 이러한 경계를 만드는 데 도움을 줄 수도 있고, 경계 관련하여 자신들만의 감정과 문제를 가질 수도 있지만, 경계 유지(boundary maintenance)는 우리의 임무다. 예를 들면,

---

아이리스 : 나의 '노'가 결코 그 어떤 사람에게도 '노'를 의미하지 못했어요. 나는 여러 번 폭행을 당했어요.

치료사 : 당신이 '노'하는 것은 내게 '노'를 의미하게 될 거예요. 우리는 '노'라고 말하는 부분은 어느 것이든지 탐구할 거예요(우리 둘 다 그 부분의 염려사항을 이해하고 그 부분이 안전하다고 느낄 때까지). 저는 이 문제에 대해 매우 진지하게 말씀드리고 있는 거예요. 됐나요?

아이리스 : 됐습니다!

---

하지만 긍정적인 의도와 좋은 경계에도 불구하고 관계적 실수는 여전히 치료 관계에 영향을 미칠 수 있다. 복구를 하는 것은 내담자에게 그들의 안전이 가장 중요하고, 그들의 현실은 유효하며, 힘의 위계가 공개된다는 신호를 보낸다. 우리는 갈등을 피하고 어려운 대화를 비켜 가기 위해 빠른 사과를 하기보다는 실수를 인정하고 복구를 진실되게 하여야 한다. 방어적이지 않고, 자기 비하적이지 않으며, 내담자를 회유하지도 않고, 우리의 행동에 대해 전적인 책임을 짐으로써, 우리는 일치되고, 현재의 순간에 의식을 집중하며, 분리된 상태에 이르는 법에 대한 모델을 만든다. 만약 내담자에게 당신을 관계적 실수로부터 구하고자 애쓰는 부분이 있다면, 그가 화가 나거나 상처받거나 혼란스러워하는 부분들을 대변할 수 있도록, 두려워하는 부분들이 긴장을 풀 수 있도록 해주라고 한다. 물론 실수는 내면적으로 공격을 가하는 우리 자신의 비판자들을 활성화시킬 수도 있다. 우리는 다음과 같은 보호적인 부분을 가지고 있을 수도 있다.

- 완벽하지 않다고 우리에게 수치감을 불어넣는다. 이것은 인간관계에서 연결을 유지할 수 있는 우리의 능력을 방해한다.
- 추방자의 수치스러움에 반응하여 내면적으로 활성화되어 내담자에게 화를 냄으로써 대응한다.
- 실수를 인정하는 것은 우리가 형편없는 치료사라는 것을 의미하는 것으로 믿는다.
- 우리가 한 수 아래(one-down) 위치에 있을 때 무력감을 느낀다.
- 실수를 인정하면 결국 내담자의 존경심뿐만 아니라 내담자에 대한 영향력을 잃게 될 것이라고 두려워한다.

이러한 어려움을 극복하기 위해, 우리는 앞으로 나아가는 부분들을 탐구하고, 실수하는 부분은 어느 것이라도 용서하는 데 전념할 것을 제의한다. 또한 복구를 하는 것은 안전을 촉진시키는 계속 진행 중인 프로세스이므로 우리는 내담자들에게 정기적으로 피드백을 해달라고 요청한다. 마지막으로 당신이 필요할 때는 슈퍼비전을 받는다.

## 치료의 3단계 : 종료

IFIO의 마지막 단계에서, 우리는 부부들이 상처를 치유하고 배신을 용서하도록 돕는데, 이것은 모든 부부들이 어느 시점에서인가는 경험하는 것이다. 어떤 배신은 마치 감정의 소통 장애처럼 작고 평범하다. 어떤 것들은 불륜을 저지르는 것과 같이 매우 중대한 결과를 가져올 수 있다. 크든 작든, 반복되는 미해결된 상처는 보호적인 부분들이 마음을 지키는 데 한층 더 많은 자원이 집중되도록 만든다. 관계가 무너지면서 부부는 서로를 지지와 자원이 아닌 적대자로 보게 된다. 신뢰를 되찾기 위해서는, 상처 주는 행동에 대해 책임을 질 수 있는 안전한 방법이 필요하다. 이 마지막 치료 단계에서 우리는 배신, 사과, 용서에 관하여 부부들이 흔히 가지고 있는 경험, 감정, 신념을 분석한다.

## 복구

종종 개인들은 보호자들이 복구를 가로막는 다양한 왜곡된 방법들을 꼭 붙들고 있기 때문에 보상하기 위해 고군분투한다. 예를 들어, 그들은 사과하는 경험을 다음과 같은 의미로 여기는 보호자들을 가지고 있을 수도 있다.

- 부당하거나 견딜 수 없는 비난을 수용하는 것이다.
  - "탱고에는 두 사람이 필요하다. 만약 내가 모든 책임을 진다면, 나는 그녀를 해방시켜주게 될 것이다."
- 미래의 다양한 위험(특히 수치당함)을 불러들이는 것이다.
  - "내가 미안하다고 말하면, 그는 나중에 그것을 나에게 불리하게 이용한다."
- 과거에 만성적으로 인정을 박탈당했기 때문에 이제는 바로 되어야 한다고 주장한다.
  - "내 말이 맞는데, 왜 내가 사과를 해야 하는가?"

보호자들이 이러한 왜곡 현상을 촉진시킬 때, 사람들은 서로의 말을 듣지 않거나 완전하고 진심 어린 복구를 하지 않고 그냥 넘어가는 경향이 있다. 그들은 안 좋게 사과하거나, 형세를 역전시켜 파트너를 비난하거나, 부정직하게 자기를 비하하거나, 자신들의 상처 주는 행동을 정당화하려고 할 수도 있다. 이 중 어떤 것을 하더라도 상처를 악화시키게 되고, 파트너의 경계심 많은 보호자들이 접근을 차단하도록 만들게 된다. 복구는 친밀감을 유지하는 데 필수적이기 때문에 IFIO에서는 회피적이며, 발끈하는 보호자들에게 새로운 것을 시도해보라고 도전한다. 구체적으로, 우리는 보호자들이 분리되어 참자아를 만나보라고 요청한다. 만약 그들이 이렇게 할 준비가 되지 않았다면, 우리는 그들의 염려사항에 귀를 기울이고 확인한다. 하지만 우리는 수동적으로 듣지 않는다. 우리는 대안을 제시할 수 있도록 허락을 계속 구하며, 우리의 제의가 보호자들뿐만 아니라 추방자들에게도 유익할 것이라고 계속 약속한다.

복구를 할 때, 우리는 내담자들이 수치심과 죄책감을 구별할 수 있도록 돕는다. 비록 두 감정 모두 자의식의 감정을 불러일으키지만, 그들은 근본적으로 다르다(Lewis, 1974). 수치심은 전반적인 부정적 자기 판단(예 : "나는 나쁘다")인 반면, 죄책감은 특정 행동에 대한 책임을 수용(예 : "내가 잘못했다")하는 데 초점을 맞춘다. 수치심은 부적응적이고 자기 파괴적인 행동(예 : 회피, 중독, 비난)과 관련이 있지만, 죄책감은 우리가 복구하고 다시 연결하도록 동기를 부여한다(예 : "제가 잘못을 저질렀습니다. 그래서 당신께 사과드려야 할 것 같습니다.").

역사적으로 정신건강 분야의 많은 글들은 죄책감과 수치심을 뭉뚱그려왔고 많은 내담자들이 그대로 따라하고 있다. 우리는 내담자들이 이 둘의 차이를 이해함으로써 많은 유익을 얻고 있음을 발견한다. 우리들 대부분은 곤경에 처했을 때 잘못을 저지르게 되는 보호적인 부분들을 가지고 있으며, 유-턴이 우리가 이 부분들과 이들의 행동에 대한 책임을 질 수 있도록 도와준다. 죄책감은 우리가 잘못을 저질렀는지 여부와 어떻게 잘못을 저질렀는지를 평가하는 신호이다. 우리는 적절하게 죄책감을 느끼는 내담자들을 안심시키기를 원하지 않는다. 오히려 내담자들이 극단적 보호자들로부터 분리되어, 죄책감을 느끼는 부분들의 이야기를 듣고, 잘못을 저지른 부분들을 안타깝게 여기고, 해를 당한 누구에게라도 보상함으로써, 그들의 행동에 대한 책임을 지도록 돕기를 원한다.

또한 우리는 자기 비판적인 내담자들을 안심시키기 원하지 않는다. 대부분 그렇게 하더라도 효과가 거의 지속되지 않기 때문이다. 우리는 모두 수치감을 불어넣는 부분들을 가지고 있기에, 그 부분들은 수치심을 느끼는 근본적인 부분들(즉, 추방자들)이 내담자의 참자아에 안정적으로 애착을 갖게 되어 기분이 나아질 때까지는, 계속해서 자신들의 임무를 수행할 것이다. 이 목표를 가지고, 우리는 비판적인 보호자들로 하여금 내담자의 참자아가 추방자들을 일상적인 방식으로 돌볼 수 있도록 허용하라고 도전한다. 즉, 극단적인 보호자들이 분리되도록 도우며, 그 보호자들을 향하여 긍휼의 마음을 갖고, 그들이 서로에게 그리고 다른 사람들에게 끼친 영향을 주목해보라고 초대한다.

## 용서

IFIO의 관점에서 용서는 시간이 걸리고 사람마다 다르다. 용서는 보호자들을 내려놓아 내담자들이 슬퍼하고, 비통해하며, 열린 마음으로 넘어갈 수 있도록 돕는 프로세스이다. 용서는 해로운 행동을 용납하거나, 해로운 행동을 한 사람을 '고삐에서 풀어'주거나, 경계를 무시하거나, 반복적인 상처에도 불구하고 관계를 유지하는 것이 아니다. 내담자들이 긍휼의 마음을 함양하고, 부드러움으로 자신을 안아주게 되면서, 용서하며 배신을 복구하기가 더 쉬워진다. 하지만 그들의 보호자들이 양극화되어 불신하면 할수록, 시간은 더 걸리고 더 어려워질 것이다.

심각한 배신 후에 치료를 받으러 오는 부부들은 종종 붕괴 상태(예 : 고분고분 따름, 물러남, 우울증) 또는 활성화 상태(예 : 분노, 복수) 또는 이 둘이 혼재되어 있는 상태에 있다. 붕괴나 분노의 저변에서 우리는 혼돈과 어릴 적에 입었던 치유되지 않은 상처를 발견한다. 그 결과 용서의 첫걸음은 보호자들에게, 우리는 먼저 상처받기 쉬운 추방자들을 찾고 그들이 압도당하지 않도록 돕는 것에 초점을 맞추겠다고 약속하는 것이다. 그런 다음, 부드럽고 정중하게, 우리는 각 파트너에게 개인적으로 그리고 부부에게 용서가 어떤 것을 의미하는지 탐구한다. 만약 보호자들이 참자아가 추방자들에게 접근하여 치유하도록 허용한다면, 회피하거나, 거부하거나, 복수하고자 하는 그들의 충동이 꺾이게 되어, 파트너들은 비통해 할 수 있다.

그러나 많은 파트너들은 용서를 두려워하는 보호자들을 갖고 있고, 용서를 다음과 같은 일어날 가능성이 적은 결과와 연관시킨다: 과거를 잊어버리고(예 : "용서하고 잊어버리라고요? 나는 잊고 싶지 않아요!"), 용서한 다음 더욱 상처를 입기 쉬워지는 것(예 : "만약 내가 이 행동을 용서하면, 또 다시 이런 일이 일어날 거예요. 나는 호구가 될 거예요"). 또한 보호자들은 때때로 용서를 걱정스러운 결과와 연관시키기도 한다. 예를 들어, 복수심에 가득한 부분들에게는 다음과 같은 것을 확신시켜주어야 한다. 즉, 인과응보의 정의에 대한 생각(예 : "당신은 그를 면탈해주라고 내게 요구하고 있는데, 그도 고통받아야 해!")을 내려놓는 것이 안전하며, 분노한 부분들은 의로움이 가져다주는 신체적으로 부풀리며, 정서적으로 분산시키는 효과(예 : "만약 내가 그녀를 용서하면, 나는 우울해질 거야.")를 포기해야 하고, 경계심이 많은 부분들은 내담자가 자원이 없는 아이라는 두려움(예 : "만약 내가 그녀를 보호하지 않으면 누가 하겠는가?")을 내려놓아야 한다.

용서의 주제를 제기함으로써 안심시킬 필요가 있는 부분들뿐만 아니라 도움이 필요하지만 감춰져 있었던 부분들도 드러나게 된다. 복구 프로세스가 시작되면 우리는 파트너들에게 수치감을 불어넣는 부분들과 수치심을 느끼는 부분들이 있다는 것을 예측할 수 있으며, 또한 모든 부부들이 배신을 우리가 보는 시각으로 보지는 않는다는 것을 기억할 필요가 있다. 배신 작업을 하는 모든 치료사는 배신, 특히 불륜에 대한 자신의 경험과 견해에 주의를 기울여야 한다. 치료사로서 스스로에게 다음의 질문을 해본다:

- 배신에 대한 나의 신념은 무엇인가?
- 상처 주는 파트너를 어떻게 보아야 하는가?
- 상처받은 파트너를 어떻게 보아야 하는가?
- 혼외정사가 증상인가, 치료 시도인가, 아니면 그 어느 것도 아닌가?
- 어떻게 발각되었는지가 내게 영향을 미치는가?

부부가 심각한 배신을 꺼내놓기 시작할 때 당신(치료사) 자신의 양극화 현상이 나타날 각오를 한다. 그와 함께 다음과 같은 일반적인 실수를 피하도록 주의한다.

- 신뢰 파기(breach in trust)를 다루기 전에 수년간의 불만사항에 초점을 맞추거나, 친밀감 쌓기를 시작하는 것
- 복구 프로세스에 대한 접근 방식을 부부에게 설명하지 않는 것
- 상처받은 파트너의 격분한 보호자들이 섞여 너무 오랫동안 치료 프로세스를 지배하도록 허용하는 것

- 상처 주는 파트너가 과거의 잘못에 대해 상처받은 파트너를 탓하거나, 상처받은 파트너에게 성급하게 책임을 지도록 요구하는 것
- 용서를 밀어붙이는 것
- 의제를 가지고 있어 부부가 원하고 필요로 하는 것을 놓치게 만드는 당신 자신의 부분들과 섞이는 것

---

## 배신, 복구 및 용서

치료사는 마지막 치료 단계를 용이하게 하기 위해 다음과 같은 IFIO 질문을 할 수 있다.
- "지금 당신은 어떤 느낌인가요?"
- "두 분은 각각 어떤 것을 바라시나요?"
- "성공적인 결과는 어떤 모습일까요?"
  - 그들의 부분들에게 귀를 기울인다.
  - 각 파트너가 지금 복구를 향하여 얼마나 동기부여가 되어 있는지 측정한다.
- "치료사, 코치와 또는 서로 복구 작업을 하신 적이 있나요?"
- "그 행동이 계속되고 있나요?" (또는 "불륜 행위가 중단되었나요?")
- "이 문제에 대해 이야기한 적이 있나요? 어땠나요?"
- "이 문제가 어떻게 발각이 되었나요?"

---

### 복구 및 용서에 대한 IFIO 방법

많은 부부들이 크든 작든, 파열을 복구할 청사진을 가지고 있지 않다. 고쳐지지 않는 갈등이나 배신은 곪아 터져 그들의 관계에 짐이 되고 신뢰와 진심 어린 연결의 약화를 가져온다. 이 섹션에 설명된 복구의 일곱 단계는 일상적인 위반을 포함하여 크고 작은 모든 배신에 사용할 수 있다. 복구는 부부에 따라, 몇 분이 걸릴 수도 있고 몇 년이 걸릴 수도 있다. 상처받고 굴욕당하는 것에 대한 두려움뿐만 아니라, 과거와 상대방에 대해 보호적인 부분들이 품고 있는 의미가 사과와 용서를 어렵게 만든다. 그러나 파트너들이 헤어지기로 결정했을 때조차도, 서로에 대한 사과와 용서는 물론이고, 자기 자신의 부분들에 대한 용서와 사랑이 변화를 가져온다.

진심 어린 복구는 여러 가지 형태로 이루어질 수 있지만, 여기에 제시된 일곱 단계는 각 파트너가 자신의 부분들을 대변하고, 가슴으로부터 경청하며, 서로의 고통에 공감하고, 그리고 해를

끼치는 행동에 대해 책임지는 능력을 증대시키는 것에 초점을 맞추고 있다(Herbine-Blank et al. 2016; Springs 2004). 이 일곱 단계는 관계의 아픔과 고통에서 심각한 배신에 이르는 파열에는 효과적이지만, 부부들은 때때로 선형보다는 원형으로, 그들만의 페이스로 그것들을 헤쳐 나간다. 프로세스가 수치심을 불러일으킬 수 있고 많은 부분들이 그 과정에서 관심을 필요로 할 수도 있기 때문이다. 부부들을 일곱 단계로 이끌기 전에 다음과 같은 몇 가지 구체적인 주장과 함께 내면 시스템이 어떻게 작동하는지 개괄적으로 설명해주도록 한다.

- 우리는 우리의 부분들을 통제하지 않는다.
- 우리의 부분들은 우리와 섞일 때 우리를 통제할 수 있다.
- 부분들이 기꺼이 분리될 수 있도록 돕는 것이 그들과 관계를 맺는 핵심이며, 그것이 치료 진행의 핵심이다.
- 우리는 많은 부분들을 가지고 있으며, 우리는 가장 극단적인 부분들보다 엄청나게 더 많다.
- 다른 사람들과 우리에게 끼치는 비용과는 상관없이, 극단적인 부분은 자신의 행동을 보호적이고 필수적이며 대체로 협상이 불가능한 것으로 본다.
  - 사전 예방적 보호자들(관리자들)은 항상 외부 관계 및 내부 관계 둘 다를 관리하고자 애쓰고 있다. 그들의 행동으로 말미암아 비용을 치르게 되더라도 그들의 의도는 선하다.
  - 사후 반응적 보호자들(소방관들)은 급격한 내부 변화에 초점을 맞추고, 외부 결과에 대해서는 거의 염려하지 않는다. 즉, 그들의 행동이 파괴적일지라도 그들의 의도는 선하다(그러나 우리만을 위한 것이지, 다른 사람들을 위해서는 아닌 것이다).
- 우리는 모든 극단적인 부분을 알아가고, 이해하며, 도울 수 있다. 그들은 잘못 알고 있는 것이지 나쁜 것은 아니다.
- 우리는 우리 부분들의 행동에 대해 모든 책임을 짐으로써 우리 자신을 완전히 용서할 수 있다.
- 일단 우리의 보호적인 부분들이 우리를 신뢰하면, 우리는 그들의 문제를 해결하겠다고 제의함으로써 그들을 도울 수 있다. 이것이 정서적인 고통을 막아야 하는 근본적이고도 긴급한 사안이다.

그와 함께, 치료사들은 용서의 프로세스와 성격에 대해 다음과 같은 중요한 주장을 강조해야 한다. 첫째, 개인들은 용서에 대해 상반된 생각을 가질 수 있다. 즉, 그들의 부분들이 동의하지 않을 수 있다. 또한 용서는 잊는 것이 아니며, 결과에 대한 죄 지은 사람의 책임을 바꾸지도 않는다. 용서는 아무도 힘든 상황을 벗어나게 해주지 않는다. 오히려 용서는 내담자들이 자신과 파트너에 대해 긍휼의 마음을 보여줄 것을 요구한다. 내담자들이 용서하는 과정에서 자신들의 분노와 억울함을 표출할 때, 그들은 치유되고 직접적으로 유익을 얻는다.

일단 치료사들이 IFS와 용서와 관련하여 이러한 주장들을 살펴보았으면, 복구의 일곱 단계를 소개할 준비가 된 것이다. 우리는 여기서 이 단계들을 요약하지만, 매뉴얼 전반에 걸쳐 그 단계들을 이미 설명하였다.

1. **두 파트너 모두에게 안전한 상황을 만들기.** 처음에 치료사는 내용을 피하고 프로세스를 택하되, 양극화 문제에 절대 편을 들어서는 안 된다. 당신은 모든 종류의 감정(예 : 분노, 상처, 배신, 두려움, 수치심)에 대해 두 사람 모두를 도울 수 있다고 부부를 안심시킨다.

2. **부분들을 대변하고 가슴으로부터 경청하기.** 말하고 경청하는 새로운 방식을 확립함으로써 내면적으로 그리고 외부적으로 수치감 불어넣기와 관련하여 그들을 돕는 것을 목표로 한다고 설명한다. 그런 다음 그들이 분리되어, 자신들의 부분들을 대신하여 이야기하고, 가슴으로부터 경청할 수 있도록 가르친다.

3. **자기 심문(self-inquiry)과 자기 용서(self-forgiveness)를 통해 모든 책임을 지기.** 처음에는 상처받은 파트너가 경청자이고, 상처 주는 파트너는 화자가 된다. 상처받은 파트너(경청자)는 부분들이 분리되도록 도와 그들이 가슴으로부터 경청할 수 있도록 한다. 상처 주는 파트너(화자)는 해를 끼친 부분들뿐만 아니라 해를 끼쳤다고 내면적으로 그들에게 수치감을 불어넣는 부분들을 감지하고, 유-턴을 하여, 해를 끼치는 부분들(및 필요하면 수치감을 불어넣는 부분들)이 분리되도록 돕는다. 그런 다음 파트너들은 역할을 바꾼다. 상처 주는 파트너는 이제 경청하며(가슴으로부터, 필요하면 도움을 받아), 필요하면 내면적으로 활성화되는 수치감을 불어넣는 보호자들을 도울 수 있는 시간을 요청한다. 상처받은 파트너(지금의 화자) 또한 보호자들이 분리되도록 돕고, 상처 주는 파트너의 행동이 끼치는 영향에 대해 보호자들을 대변한다.

4. **화해하기.** 진정한 사과를 하기 위해서는, 상처 주는 파트너(지금은 극단적인 부분으로부터 분리된)는 상처받은 파트너의 충격 발언(impact statement)에 반응한다. 만약 그들의 반응이 수치심에 기반한 것이라면(예 : "나는 너무 나빠"), 상처 주는 파트너의 보호자들은 더 많은 도움이 필요하다. 하지만 만약 반응이 죄책감에 기반한 것이라면, 우리는 상처 주는 파트너가 자신들의 행동에 대해 진심으로 후회하면서, 그들의 보호자들은 기꺼이 변화하리라는 것을 안다. 이 프로세스 전체를 통해, 상처받은 파트너는 경청한다.

5. **성취에 이르는 행동 계획을 수립하기.** 상처 주는 파트너는 자신의 부분들을 돕기 위한 계획을 자세히 설명한다. 상처받은 파트너는 경청한다.

6. **용서하기.** 이 시점에서, 우리는 상처받은 파트너의 사과받고자 하는 의지를 탐색하고 용서를 고려한다. 우리는 상처받은 파트너에게 용서를 강요하거나 압박하지 않는다. 만약 상처받은 파트너가 용서를 거부한다면, 상대방은 그들이 영원히 자비를 구걸하도록 요청당하고 있다고 느낄 가능성이 있다. 이 경우 우리는 용서받지 못한 파트너가 유-턴을 하고, 반응적인 부분들로부터 분리되어, 추방자들을 돌보도록 하여, 그들이 참자아의 이끎을 받는 방식으로 이 결과에 반응할 수 있도록 한다.

7. **책임을 공유하면서 독특한 과거 경험을 인정하기.** 만약 상처받은 파트너가 자신들이 갈등에 대한 책임을 공유하지 않는다고 믿으면, 우리는 그들의 유-턴을 하도록 도와 과거사에 뿌리를 두고 책임에 대한 왜곡된 관점을 갖고 있는 부분들의 이야기에 귀를 기울일 수 있게 한다.

궁극적으로 우리는 파트너들이 그들의 관계를, 특정 추방된 부분들의 욕구에 근거한 공동창조(co-creation)로 보기를 원한다. 치료 프로세스는, 각 파트너가 자신들의 추방된 부분들의 욕구를 충족하도록 도와주어, 그들이 상호 호기심과 존중의 기반 위에서 외적인 관계를 재창조할 수 있도록 한다. 그러나 상처받은 파트너가 상호 책임에 대해 대화할 준비가 되어 있어야 한다. 상처가 얼마나 깊은가에 따라, 시간이 오래 걸릴 수 있다.

---

# 배신과 복구

다음의 사례는 우리가 부부에게, 배신에 이은 복구 프로세스를 어떻게 소개하는지, 그 첫 부분을 보여준다. 60대 중반의 이성애자 유럽계 미국인 부부인 밥과 주디스는 결혼한 지 32년이 되었다. 그들의 자녀들은 성인이 되었다. 그들은 밥이 몇 차례 외도를 한 후, 그들의 결혼 생활이 회복될 수 있을지 결정하기 위해 치료를 받고자 하였다. 다음은 IFIO 치료사와의 두 번째 회기에서 발췌한 것이다.

치료사 : 어서 오세요, 지난주 회기에 대해서, 그리고 한 주를 어떻게 보내셨는지 두 분의

이야기를 듣고 싶네요. 누구부터 시작하실까요?

주디스 : [밥을 바라보며] 여느 때와 달리, 당신부터 시작하는 것이 어때요?

밥 : 나부터 시작하고 싶지는 않아.

치료사 : [밥에게] 당신부터 시작하고 싶지 않다구요? 그에 대해 좀 더 말해주시겠어요?

밥 : [고개를 숙이고 한숨을 쉰다] 안전한 느낌이 안 드네요.

치료사 : 알겠습니다. 지금 말하는 게 안전한 느낌이 안 든다고요.

주디스 : [끼어들며] 하지만 외도를 하고 무수한 다른 나쁜 행동들에 관여하는 것은 안전하단 말이에요?

치료사 : 주디스 씨, 내가 당신 말을 끊겠어요. 조금 전에 당신은 밥 씨의 이야기를 듣고 싶다고 하셨어요. 그래서 나는 그와 대화를 하고 나서 우리 셋이서 오늘 어떤 것이 가장 도움이 될지 결정할게요. 어떻게 생각하세요?

> 단호하게 방향을 바꾸고 틀을 다시 짜기

주디스 : 좋아요. 네. 감사합니다. 누군가 그와 대화를 하는 것이 도움이 될 거예요.

치료사 : 밥 씨, 지난 주에 제가 부분들에 대한 개념을 소개했지요. [그가 고개를 끄덕인다] 당신에게 두려워하는 부분이 있는 것으로 이해하는데요.

밥 : 나의 많은 부분들이 두려워해요!

치료사 : 그 두려움을 대변할 수 있나요?

밥 : 항상 싸움으로 끝나니까, 말하지 않는 게 나아요.

치료사 : 이것이 당신 자신에게 하는 말인가요? "말을 하지 않으면 내가 더 안전해?"

밥 : 네, 그것도 제 패턴이에요.

치료사 : 말 없이 조용히 있는 것이 패턴인가요?

밥 : 맞아요.

치료사 : 당신은 당신의 패턴을 점점 더 많이 더 의식하게 되고 있으므로, 당신이 말을 하지 않을 때 주디스 씨 내면에서 어떤 일이 일어나는지도 알고 있나요?

밥 : 저 사람은 화를 내요.

치료사 : 좋아요. 당신이 말을 하면 당신의 부분들이 안전하지 않다고 느끼는 것으로 이해합니다. 그러나 그때, 주디스 씨는 화를 내니, 당신은 이기는 것이 아니네요. 제

가 맞게 이해하고 있나요?

밥 : 맞아요.

치료사 : 나중에 당신의 딜레마도 다루겠어요. 하지만 지금 당장은 주디스 씨를 체크해보려합니다. [주디스에게] 당신에게는 어떤 일이 일어나고 있나요?

주디스 : 절망감을 느껴요. 난 내가 원하거나 필요로 하는 것을 절대 얻지 못할 거예요.

치료사 : 제가 제대로 이해하고 있다면 당신은 슬프고 절망적인 부분과 접촉하고 있어요. 하지만 지난주에 당신이 대변하였던 분노와는 덜 접촉하고 있나요?

주디스 : 사실대로 말하자면, 나는 대체로 화가 났어요. 그런 식이 더 안전해요.

치료사 : 이해가 되네요. 하지만 지금 이 순간, 당신은 무망감, 절망, 그리고 밥으로부터 당신이 원하거나 필요로 하는 것을 결코 얻지 못할 것이라는 신념과도 접촉하고 있어요.

> **확인하며 다시 되돌아보기**

주디스 : 맞아요. 정확해요.

치료사 : 밥 씨, 이 말을 들을 때, 당신 내면에서는 어떤 일이 일어나나요?

밥 : 여기를 나가는 게 나을 것 같아요. 저 사람이 슬퍼할 수도 있지만 수년간의 분노와 원망을 쏟아 놓기 위해 기다리고 있어요. 나는 그동안 너무 많이 들었어요. 또 다시 그 이야기를 들을 여유가 없네요.

치료사 : 그건 나도 이해되네요.

> **확인하며, 분리 상태를 지지하기**

밥 : 감사합니다.

치료사 : 주디스 씨, 당신에게 당연히 화내는 부분이 있고, 밥 씨, 당신에게도 당연히 외면하는 부분이 있다는 것을 지난주부터 알고 있었어요. 그리고 주디스 씨, 당신은 밥이 몇 년 동안 무엇보다도 거리를 두고 있는 것을 경험해오고 있다고 한 것 같아요.

주디스 : 고마워요. 네, 무엇보다도요! 거기에는 많은 사연이 있어요.

치료사 : 두 분 다 누군가 듣고 이해해주기를 원하는 부분들을 가지고 있지만, 지금 제가

듣고 있는 이러한 교착 상태는 실제로 일어나는 일이에요. 당신이 정말로 가져야 할 필요가 있는 대화를 할 수 없다는 분노와 절망 상태. 내가 바로 이해하고 있나요? [그들은 고개를 끄덕인다]

> 정확한지 체크하고 부분 언어를 사용하기

치료사 : [계속해서] 다른 치료사 몇 명을 만나고 나서 저를 보러 오신 것으로 알고 있어요. 한 번 더 묻고 싶은 게 있는데, 치료를 다시 시도해보려는 희망이 무엇인가요?

> 치료를 받기로 결정한 부분들의 희망에 귀를 기울이기

밥 : 잘 모르겠어요. 나는 여전히 뭔가 바뀔 수도 있지 않을까 하는 바람이 있는 것 같아요.

치료사 : 그게 뭘까요?

> 이 치료 단계를 진전시키는 데 도움을 줄 명료성을 찾기

밥 : 난 정말 몰라요. 아마도 모든 분노를 극복하고 관계처럼 보이는 것으로 나아가는 것이지 않을까요?

치료사 : 당신이 "분노"라고 말할 때, 주디스 씨의 분노뿐만 아니라 당신의 분노도 의미하는 건가요?

밥 : 아, 네.

치료사 : 밥 씨, 당신도 화가 났고 이 교착 상태는 분노와 억울함이 오락가락하고 있다는 것을 당신이 인정하는 것으로 들리네요. 당신에게는 당신을 다른 방식으로, 외도 쪽으로, 끌어당기는 부분들이 있어요.

밥 : 그래, 사실이에요.

치료사 : 주디스 씨, 치료를 다시 시도해보고자 하는 희망이 무엇인가요?

주디스 : 저 사람이 외도뿐만 아니라, 나를 사랑하지 않는다는 것을 나타내는 그의 모든 행동들을 중단했으면 하는 것이 나의 희망이에요.

치료사 : 당신은 밥 씨가 다르게 행동하며, 그로부터 사랑받는다는 느낌을 갖기 바라는 것으로 이해해요. 그리고 또한 기꺼이 또 다른 치료사와 치료법을 시도하고자 하는 부분이 있다는 것도 알고 있어요. 만약 이것이 성공할 수 있다면, 당신은 당신 자신이나 관계를 위해 어떤 결과를 원하시겠어요?

주디스 : 나는 과연 우리가 함께 하고 싶어하는지 알고 싶어요.

치료사 : 궁금하네요. [이쪽 저쪽을 본다] 당신이 여기 앉은 시간부터 지금까지, 몸에서 어떤 일이 일어나고 있었나요? 어떤 경험을 하고 있나요?

> **자율신경계 조절과 분리 상태를 체크하기**

주디스 : [긴 한숨] 더 평온하고, 덜 긴장하고 있어요. [잠깐 멈춘다] 선생님이 하고 있는 말을 실제로 충분히 이해할 수 있는 것 같아요. 자리에 앉았을 때 너무 화가 나서 집중할 수가 없었어요. 저는, 선생님이 저희를 도와줄 수 있는지 여부를 알아보고 계시고 있는 것은 아닌지 궁금하네요.

치료사 : 저는 두 분을 도와드릴 수 있다고 믿어요.

주디스 : 그래서 선생님은 우리가 도움받기를 원하는지 궁금해 하고 계신 건가요?

치료사 : 바로 그거예요. 제 생각엔, 주디스 씨, 당신이 조금 더 평온한 느낌이 든다고 하므로, 당신의 뇌는 더 많은 정보를 받아들이고 처리할 수 있는 것 같은데요?

주디스 : 맞아요.

밥 : 내 안에서 무언가 방금 변화가 일어난 것이 감지되네요. 약간 희망적인 느낌이 들어요. 말하기가 매우 위험하긴 하지만요. 저는 또한 주디스가 우리 관계에서 잘못된 것 중에 자기 몫에 대해 책임질 것인지 궁금하네요.

치료사 : 밥 씨, 잠시 속도를 늦추고 방금 어떤 일이 일어났는지 알아보고 싶어요. 먼저, 당신이 위험을 무릅쓰고 매우 상처받기 쉬운 것을 이야기하신 것 같았어요. 그리고는 바로 이어서, 또 다른 부분이 주디스 씨에 대해 무언가 이야기하시는 것 같았어요.

밥 : 저는 이 관계에서 정말 상처를 줄 수 있는 많은 짓들을 저질렀어요. 인정하지만, 나만 그런 것은 아니에요.

치료사 : 당신 혼자만 나쁜 사람이 되고 싶지는 않은 거군요. 맞나요?

밥 : 맞아요.

치료사 : 당신에게는 당신이 나쁜 사람이라고 믿는 부분이 있다는 이야기로 들리네요.

> **부분 언어로 되돌아가기**

밥 : 그렇지요.

치료사 : 나쁜 사람이라 느끼는 것, 어떤 기분인가요?

밥 : 재미없지요.

치료사 : 그 부분이 지금 여기 있나요?

밥 : 네, 온몸에서 그것을 느끼고 있어요. 매우 창피스러워요.

치료사 : 당신이 한 부분의 수치스러움을 경험하면서도, 또 다른 부분이 당신의 주의력을 분산시켜, 주디스 씨까지 불편함을 느끼도록 하는 것이 말이 되나요? [밥은 잠시 멈추고 생각하다가 고개를 끄덕인다]

보호자들과 추방자들이 짝짓는 것을 지적하기

치료사 : [계속해서] 그래서 저는 그 부분들을 안심시키고 싶어요. 만약 당신이 나와 부부 치료를 계속하기로 결정한다면, 우리는 결국 당신의 관계에 대한 모든 과거사를 알게 될 거예요. 하지만 지금 이 순간만큼은 지금 여기서 일어나고 있는 일들만 다루고 싶어요. [주디스에게로 몸을 돌린다] 들으면서 당신 내면에는 어떤 일이 일어나고 있나요?

주디스 : [긴 침묵] 저 사람이 하는 말을 믿으려고 노력하고 있어요. 저 사람은 내가 책임을 지길 원하지만, 나는 저 사람이 책임을 지길 원해요. 저 사람은 우리 관계를 해칠 수 있는 짓을 많이 저질렀다는 것을 인정하고 있어요.

치료사 : 밥 씨가 당신에게 상처를 주었다는 것을 인정한다는 말을 듣는 이 순간 기분이 어떤가요?

주디스 : 좋기도 하고 나쁘기도 해요. 한편으로, 그 인정이 기분은 좋아요. 반면에, 상처와 분노를 불러 일으킬 뿐이에요. 그에 대해 생각하거나 듣고 싶지 않아요. 외도, 다른 여자들과…

치료사 : 밥 씨, 당신은 크게 상처를 주는 선택을 몇 가지 한 것 같습니다. 그중 하나가 외도이죠. 지금까지 손상을 복구하도록 도움을 줄 수 있는 다른 치료법이 있었는지 궁금하네요.

밥 : [고개를 가로젓는다] 아마 있겠지만, 기억이 나지 않아요.

주디스 : 난 당신이 무슨 말을 하는지 모르겠어요. 무슨 말을 하는 거예요?

치료사 : 제가 믿고 있는 걸 말씀드릴게요. 배신이 한 사람에게 깊은 상처를 남길 때, 그 상처는, 배신이 있기 전의 관계에서 일어나고 있었던 것을 생각하기 전에, 치유되어야 해요. 저는 이게 매우 중요하다고 믿어요.

주디스 : 우리는 전에 이런 말을 들은 적이 없어요. [밥을 바라보며] 내가 기억하기론 없어.

밥 : 나도 들은 적이 없어. 그러나 말은 되네. [한숨을 쉰다]

치료사 : 그 한숨에 대해 말해주실 수 있나요, 밥 씨?

밥 : 네, 선생님이 우리 문제를 다루어주실 수도 있겠어요! 실제로 도울 수도 있겠어요.

치료사 : 제가 모든 상처를 돌보고, 두 분의 관계 속에 있는 고통과 함께하며, 두 분이 치유되도록 도울 수 있을까요?

주디스 : 선생님이 제의하는 것은 분명히 달라요. 손상은 이미 입었어요. 우리는 복구가 필요해요.

> **수동적인 목소리에 주목한다 – 주디스는 어떤 손상에서도 자신이 기여한 부분이 있음을 인정할 준비가 되어 있지 않다.**

치료사 : 복구는 낙관적인 목표이며, 제가 사용하는 복구 프로세스에 대해 조금 말씀드리고 싶어요.

> **IFIO 복구 프로세스에 대해 간단히 설명해주겠다고 제의하기**

주디스 : 그게 좋겠어요.

밥 : 네, 저도 듣고 싶어요.

치료사 : 상당히 힘든 대화를 하게 될 것으로 예상하지만, 저는 두 분에게 서로에게 말하며 경청하는 새로운 방식을 가르쳐드려, 두 분이 수치감을 불어넣으며 비난하거나, 혹은 무너져 도망가지 않도록 해드리겠어요. 두 분의 부분들을 대변하며 가슴으로 경청하는 법을 가르쳐드리겠어요. 밥 씨, 당신은 주디스 씨가 당신의 외도가 가져다 준 영향을 묘사할 때 귀 기울이세요. 저는 이 프로세스를 가능하면 안전하게 진행하도록 할 거예요. 당신이 주디스 씨를 공감하고, 후회하며, 주디스 씨가 치유되기 위해서는 어떤 것이 필요한지 알아낼 수 있기를 바라요. 당신의 알아보는 과정에는 당신을 대신하여 당신의 부분들이 택한 선택 사항들을 살

펴보고 책임지는 것뿐만 아니라, 그들의 동기를 이해하고 해결하는 것이 포함될 거예요. 그리고 주디스 씨, 당신에게는 매우 화가 나고, 상처받고, 굴욕당하고, 절망하고, 겁에 질린 부분이 있어요. 제 말이 맞나요?

주디스 : 말씀이 맞아요. 나는 그 모든 것을 느끼고 있어요. 하지만 내가 너무 취약하다는 느낌이 들기 시작할 때는, 분노가 끓어오르지요. 그게 더 나아요.

치료사 : 격분하는 것이 힘을 불어넣는 느낌이 드는 것은 이해해요. 그것이 필요한 부분들에게 제가 접근하는 방법은 다소 다를 거예요. 당신이 갖고 있는 모든 감정을 표현하되 밥 씨가 들을 수 있는 방식으로 할 수 있기를 바라요. 그의 부분들은 자신들이 끼친 영향을 이해하고, 기꺼이 통제의 고삐를 그에게 도로 넘겨주어, 그가 책임을 지고 복구를 해야 할 필요가 있어요.

주디스 : 나도 그걸 원해요! 격분하는 것은 저 사람이 그것을 확실히 이해하도록 하기 위한 측면도 있어요. 내 생각에는 저 사람이 아직 그것을 이해하지 못한 것 같아요.

치료사 : 그의 부분들이 당신의 격분에 대해 방어하고 있는 한, 그가 정말로 당신 말을 들을 수 있는지는 잘 모르겠네요.

주디스 : [긴 멈춤] 난 정말로 저 사람을 도와주고 싶은 것은 아니에요. 하지만 무언가 바꿀 수 있기는 원해요. 지금까지 다른 아무것도 효과가 없었어요. 그래서 선생님의 아이디어를 따르겠어요.

치료사 : 좋아요. 그리고 저는 여기 곁에서 모든 과정마다 두 분 모두를 도와드리겠어요.

### 계획을 이야기해주며 지속적인 도움을 제의하기

주디스 : 선생님이 모든 과정마다 우리를 도와주겠다고 하시니 제 온몸이 편안해지네요.

밥 : 저도 그래요.

주디스 : [밥에게 몸을 돌리며] 당신이 더 이상 외도를 하지 않겠다는 다짐을 받아야겠어. 당신이 또 그런다면, 나는 떠날 거야.

밥 : [주디스를 바라보며] 이해해, 주디스.

치료사 : 일단 상황이 바뀌기 시작하면, 화해와 용서에 대한 작업을 할 수 있어요.

주디스 : [손을 들며] 아, 나는 용서할 준비가 되어 있지 않아요!

치료사 : 저는 이해해요. 나중에 두 분이 준비가 될 경우, 그때에 용서에 대해 논의할 거예요. 용서에 대한 압박은 없을 거예요. 지금 당장은 두 분의 대화를 바꾸는 것에 초점을 맞추고 진정한 복구를 향하여 작업할 거예요.

> 용서하라는 조금의 압박이라도 완화시키기

치료사 : [계속해서] 밥 씨를 바라보고 계시네요.

주디스 : 저 사람이 선생님의 말씀에 동의하고 있는지 궁금해요.

밥 : 무언가 다른 것을 해보는 것도 괜찮겠지.

주디스 : 그럼, 우리가 무언가에 동의하는 거네! [밥은 고개를 끄덕이고 주디스는 웃는다] 우리가 동의하다니! 와.

치료사 : 두 분이 무언가 다른 걸 해보고 싶다고 하니 고마워요. 이것이 그동안 힘들었고, 어떤 것이 더 바뀔 수 있는지 두 분이 궁금해하는 것을 알지요.

밥 : 솔직히 말할게요. 저는 이게 무서워요. 제가 기꺼이 한번 해보기는 하겠습니다만, 할 수 있는지는 모르겠어요. 나는 여전히 모든 비난과 분노의 표적이 되고 싶지는 않아요.

치료사 : 물론 원치 않으시겠지요. 하지만 제가 이 대화들 중에는 당신의 행동이 주디스 씨에게 미친 영향에 귀를 기울이는 것이 포함될 거라고 말했을 때, 당신은 고개를 끄덕였어요.

밥 : 네. 그리고 주디스가 우리 관계 초기에 자신이 선택한 것들이 내게 어떤 영향을 끼쳤는지에 대해서도 내 말을 들어주면 좋겠어요. 그녀의 분노 같은 것.

치료사 : 물론 주디스 씨가 결혼생활 32년 동안 당신의 부분들에게 상처를 주었어요.

밥 : [눈물을 글썽이며] 이번이 처음이에요. 누군가 그 사실을 인정한 것이. 강력하네요. 감사합니다.

치료사 : 그리고 현재의 이 파열이 치유되고 난 다음에야 비로소 두 분의 결혼 생활 과정에서 서로에게 상처를 준 모든 방법을 탐구해야 한다고 나는 믿어요. 내가 제의하는 게 이해되나요?

밥 : 확실히 이해해요.

치료사 : 당신이 이해한 것을 주디스에게, 지금 당장, 직접 이야기하실 의향이 있나요?

> 기회가 되었을 때 연결의 순간을 강화시키기

밥 : [숨을 급히 들이쉰다] 무섭네요. [주디스를 바라본다] 우리가 무언가 진척이 있으려면, 나는 내가 저지른 일에 대해 당신이 어떤 느낌인지 들어야 한다는 것을 알아. 그리고 나는 훨씬 더 많은 책임을 져야 한다는 것도.

치료사 : 주디스 씨, 그 말을 들으니 어때요?

주디스 : [잠시 멈춘다] 소름이 돋네요. [밥을 바라본다] 판도가 확 바뀌었네. 나는 당신이 그런 말을 하는 걸 들어본 적이 없어. 정말이야?

밥 : 정말이야.

말할 필요도 없이 이것은 시작에 불과했다. 밥은 개인치료를 시작했고 자신의 외로움, 주디스를 향한 분노, 삶에서의 기쁨 상실에 대한 반응으로 외도를 선택했던 부분들을 알아갔다. 시간이 지나면서 그는 자신의 내면의 딜레마와 어릴 적 트라우마가 어떻게 이런 행동에 기여했는지 이해하게 되었고, 그는 자신을 방어하지 않고도 주디스의 말에 귀를 기울일 수 있게 되었다. 일단 그가 더 희망적이 되면서, 자신이 치유될 수 있고, 그들의 관계가 되살아날 수 있다고 믿게 되자, 그는 진심으로 후회하며 주디스에게 사과할 수 있게 되었다.

시간이 흐르면서, 격분하지 않고도, 엄청난 충격을 받은 자신의 부분들을 대변하는 힘을 경험하면서, 주디스는 자신에 대한 신뢰를 얻었고, 어떤 것이 관계 초기에 밥이 자신을 향하여 그토록 분개하고 적대감을 느끼도록 만들었는지 알고 싶어졌다. 그러나 그들이 덜 반응적이 되고, 연결과 재미의 순간이 많아지면서 그들의 관계가 더 친절하고 부드러워질 때까지는, 용서에 대한 주제를 논의하지 않았다. 치료사들은 다음의 유인물을 내담자들이 복구 프로세스를 배우고 실습하는 데 활용할 수 있다. 이 프로세스는 과거의 상처와 배신으로부터 짊어진 짐을 내려놓고, 관계를 치유하며, 신뢰를 회복하는 데 매우 중요한 단계이다.

# IFIO 다시 하기 :
## 활동 중인 보호자를 포착하고 다시 시작한다

다시 하기는 속성으로 하는 복구다. 우리가 보호자와 친해지고 그들이 야기한 위해를 깨닫게 되면, 감정 소통이 결여되어 있거나 파트너에게 불친절해지는 때를 알아차리고, 사과하고, 참자아의 이끎을 받는 방식으로 대화를 다시 하도록 요청함으로써 사이클을 중단시키기가 쉬워진다. 여기서 다시 하기 의사소통 단계를 개략적으로 설명한다.

1. 당신의 감정 소통의 결여나 불친절을 인정한다.
2. 파트너에게 당신이 의사소통을 다시 할 수 있도록 계속 함께 해줄 것인지 묻는다.
3. 동의를 기다린다.
4. 당신의 부분을 대변하며 다시 시도한다. 그런 다음 시간을 가지고 그 부분의 근본적인 (추방된) 욕구를 알아차리고 대변한다.
5. 파트너를 체크한다. 파트너는 자신의 부분들로부터 어떤 이야기를 듣는가?
6. 참자아 입장에서 경청한다.

예
1. 좌절한 부분이 화살을 겨냥한다 : "나는 당신에게 그러지 말라고 거듭 거듭 요청했잖아!"
2. 다시 하기 : "화나서 비판적으로 이야기해서 미안해. 나는 그런 식으로 이야기하고 싶지 않은데, 다시 해볼 수 있을까?"
3. 파트너의 긍정적인 반응을 기다린다.
4. 그런 다음 : "내게 이런 일이 반복적으로 일어나면 좌절감을 느끼는 부분이 있어. 우리가 그 패턴에 대해 언제 한번 얘기할 수 있을까?"
5. 체크한다 : "그것이 당신에게 달리 전달되었어? 당신, 하고 싶은 말이 있어?"
6. 방어적이 되지 않으면서, 당신의 행동이 끼친 영향에 귀를 기울인다.

# IFIO의 관계 신경생물학

## 신경생물학과 생애 초기의 경험[*]

자궁에 있을 때부터 유아기에 이르는 동안 (즉, 대략 생애 첫 18개월) 뇌는 지각, 감각, 감정, 그리고 '앎'이라는 감각을 통해서만 경험하고, 배우고, '기억한다'. 유아들은 아직 언어 능력이 발달하지 않았기 때문에, 뇌는 이 발달 단계에서 스토리텔러를 갖고 있지 않다. 이것은 우리의 초기 기억이 비언어적이고 선형적인 줄거리(storyline)를 따르지 않는다는 것을 의미한다. 이 단계에서 형성되는 기억은 암묵적 기억(implicit memory)이라고 알려져 있다(Badenoch, 2008; Siegel, 1999). 생후 18개월 무렵부터 우리는 언어를 습득하고 명시적 기억(explicit memory)이라고 불리는 자전적 기억의 형태를 발달시키기 시작한다. 이 새로운 인지 능력으로, 우리의 부분들은 이야기를 하며 암묵적 학습을 '이해'하기 시작하여 인식(awareness)으로 발전된다.

삶의 초기, 암묵적 기억으로만 이루어진 단계에서, 자녀의 애착 스타일은 부모 및 다른 돌보미들과의 상호작용에서 발달한다. 즉, 초기 관계 경험이 본보기가 되어 자녀들은 그 위에 모든 미래의 관계를 쌓아간다(Schore & Schore, 2007). 이러한 초기 관계 경험이 최적이 되지 못하고, 자녀의 기본 욕구와 안전감을 채워주지 못할 때, 정서 조절, 자기 위안, 사회적 관계 맺기에 관련된 뇌 회로에 장기적인 변화가 초래될 수 있다. 또한 조기 돌봄의 결핍은 자녀들이 두려워할 때 자신들의 자율신경계를 조절하고 자기 위안을 할 수 있는 능력에 영향을 미치게 되어, 다른 사람들

---

[*] 이 장의 신경과학 및 부부치료 관련 글을 쓰는 데 도움을 준 IFIO 트레이너 존 파머에게 감사한다.

과의 감정 소통과 관계 맺는 능력을 손상시킨다(Cozolino, 2006). 이 자녀는 불안정한 애착 스타일(대체로 회피적이 되고 혹은 관심을 갈망하는 동시에 두려워할 수도 있다)이 발달될 위험이 있으며, 이는 성인이 되어서도 계속된다.

어릴 적 상처에 대한 무의식적인 암묵적 기억은 편도체(amygdala)에 저장된다. 편도체는 생애 초기의 사회적·정서적 경험에 영향을 많이 받는 뇌의 원시적인 부분이다. 현재의 경험이 암묵적 기억의 형태로 과거의 정서적 짐을 불러올 때, 그 옛 경험은 마치 지금 여기서 일어나는 것처럼 온몸을 씻어버릴 수 있다(Badenoch, 2008). 편도체는 실시간으로 위협이 존재하고 있다고 믿고 신체의 자율신경계가 활성화되며, 합리적 사고 능력이 끊긴다. 현재가 과거에 사로잡혀 있는 한, 스트레스를 가져다 주는 상호작용은 쉽게 개인을 과거로 되돌아가도록 할 수 있으나, 그들은 무슨 일이 일어나고 있는지 알지 못하게 된다.

보니 베이드노치는 자신의 책 뇌에 대해 잘 알고 있는 치료사 되기(*Being a Brain-Wise Therapist*)에서 다음과 같이 썼다. "너무나 많은 부부들이 해체(disengagement)와 죽음(deadness) 혹은 과민증(hyperarousal)과 혼돈(chaos)으로 향하는 조절장애로 옮겨 가는 패턴 가운데 갇혀 있다. 이러한 패턴들이 어떻게 부모의 반응성 결여를 통해 각인되었는가를 부부들이 이해할 때, 그들은 자신들의 상태뿐만 아니라 파트너의 상태에 대해 마음을 안정시키는 마인드풀 인식을 발달시키기 시작하며, 즉각적으로 조절을 증대시킨다. 이러한 혼란에 대해 상대방을 탓하는 행동을 내려놓음으로써, 서로 긍휼히 여기는 마음의 공간이 만들어진다."(2009, p. 282).

이것을 부분 언어로 표현하면, 내담자들의 어린 추방자들이 섞였을 때, 그들은 과거의 감각적인 정보에 압도당한 느낌을 갖게 되고, 이것은 내면 시스템에 엄청나게 낙담시키는 메시지를 전달하게 된다. 과거는 결코 끝이 없다. 깊은 수치감을 불어넣는 애착 상흔이 현재의 상호작용에 겹쳐지고, 과거가 현재에 가차없이 중첩되는 느낌이 들 때, 보호자들은 당연히 자신들의 극단적인 견해와 경계심이 정당하다고 믿는다. 그 결과, 부부들은 누가 누구에게 어떤 이야기나 행동을 하였는지에 대해 줄기차게 싸운다. 아이러니는 암묵적 학습과 스트레스 호르몬 모두 명시적 기억을 왜곡시키기 때문에 그들의 기억은 결코 정확하지 않다는 사실이다.

치료사들은 스트레스가 높은 순간에 누가 어떤 이야기나 행동을 하였는지 확실하게 알 수가 없기 때문에, 부부들이 어떤 일이 '정말로' 일어났는지를 알아내도록 돕는 것은 아무런 의미가 없다. 보호자의 확인하고자 하는 욕구는 이해가 되지만, 우리는 보호자의 감정과 혼돈을 확인하는 것이지, 더 이상의 해를 야기하는 전략을 확인하는 것은 아니다. 보호자들은 추방자의 원래 경험이 목격될 때 명료성과 안도감을 얻게 되고, 수치감을 불어넣는 신념(예 : "나는 사랑스럽지 않아")을 버릴만한 충분한 치유가 이루어진다.

우리는 파트너들에게 더 나은 대안을 소개시켜줌으로써, 특히 신경생물학을 이해하도록 돕고 분리하기를 실천함으로써 실제로 일어났던 일에 대해서 티격태격하는 습관을 깨뜨리도록 안내한다. 이 프로세스에서, 우리는 극단적인 보호자들의 왜곡된 견해를 지지하지 않으면서, 그들의 선한 의도를 확인하며, 파트너들이 신경생물학을 바꾸고, 자신감을 키우며 관계를 치유하는 새로운 행동을 실천하도록 안내한다. 부부치료에서, 파트너(외부)와 참자아(내면)가 상처받은 부분들에 친절, 관심, 진정한 호기심, 성숙한 공감, 그리고 사랑의 긍휼을 베풀 여유가 있을 때, 안정 애착이 형성(혹은 재형성)된다.

## 다미주신경 이론과 공동 조절

자율신경계의 초기 견해는 신경계가 두 가지, 즉 교감 가지와 부교감 가지로 구성되어 있으며 각각 신체를 활성화시키고 진정시키는 역할을 한다고 상정하였다. 그러나 스티븐 포지스는 다미주신경 이론(2007)으로 이 같은 관점을 확장시켰다. 이 이론은 신경계가 세 가지를 가지고 있어, 끊임없이 관계 조건에 반응하고 계층적 방식으로 함께 작용한다고 주장한다.

우리는 한편으로는 교감신경계(sympathetic nervous system)를 가지고 있고, 다른 한편으로는 등쪽 미주신경 가지와 배쪽 미주신경 가지로 구성된 부교감신경계(parasympathetic nervous system)를 가지고 있다. 교감신경계는 몸을 움직여 행동하게 하는, 싸울 것이냐 도망갈 것이냐의 반응을 촉발시킴으로써 위험 신호에 반응한다. 그에 반해서, 등쪽 미주신경과 배쪽 미주신경은 둘 다 부교감 신경계의 일부이다. 등쪽 미주신경(dorsal vagus)은 부교감신경계에서 진화적으로 더 오래된 가지이다. 극단적인 위험 신호에 얼어붙거나 무너지는 행동으로 반응한다(Dana, 2018). IFIO에서는 등쪽 미주신경계와 동조를 이루며 작동하는 보호적인 부분들이 우리를 무감각하게 하거나 얼어붙게 하면서 연결과 인식에서 벗어나 극단적인 보호가 가동되어야 한다는 신호를 보낸다고 말한다.

반대로, 좀 더 최근의 부교감 경로인 배쪽 미주신경(ventral vagus)은 안전 신호에 반응하고 사회적 연결을 촉진한다. IFIO에서 우리는 배쪽 미주신경 상태가 참자아 리더십을 촉진시킨다고 본다.

다미주신경 이론은 또한 부부들에게 특별히 관련성이 있는 두 가지 개념, 즉 신경수용감각 (neuroception)과 공동 조절(co-regulation)을 상정한다. 신경수용감각이란 외부 환경을 끊임없이 스캔하여 안전이나 위험 신호를 찾아내는 무의식적인 프로세스를 말한다. 논리적이나 언어적이라기보다, 신경수용감각은 신체적이고 정서적이며 연상적인 프로세스이다. 신경수용감각에서 편도체는 현재의 경험을 안전에 관련된 이전의 경험과 일치시켜 자율신경계가 이완 또는 활성으로 반응하게 한다.

그후 좌뇌는 어떤 일이 일어나고 있는지 이야기를 구성하며, 이 이야기는 어떤 사람이 자신의 부분들이나 참자아의 이끎을 받는 정도에 의해 특징지어진다. 개인이 부분들의 이끎을 받고 있을 때는 자율신경계가 장악하고 있을 가능성이 높고, 과거가 스토리라인에 더 큰 영향을 미친다. 이에 반하여 개인이 참자아의 이끎을 받고 있을 때는 속도를 늦추고 반응의 정확성을 평가하며 자신의 경험과 관련하여 파트너에게 확인하고, 반응할 것인지 여부와 슬기롭게 행동하는 방법을 선택할 수 있다.

다미주신경 이론에 따르면, 다른 사람들과의 연결은 우리에게 안전의 신경수용감각을 가져다 주며, 신뢰 관계의 형성을 통해 우리는 공동 조절하며 배쪽 미주신경 상태로 진입할 수 있다. 공동 조절은 다른 사람들과의 관계에서 우리 자율신경계의 상호 조절(reciprocal regulation)을 말한다. 공동 조절은 안심시켜주는 기반을 만들어 안전 신호를 보내고 애착을 더욱 촉진시킨다. 부부가 그들의 신경계를 공동조절할 수 있을 때, 그들은 공동으로 창조된 자기 강화의 연결이 가져다 주는 즐거움을 경험한다(Dana, 2018).

중요하게도, 부부 관계에서 호혜(reciprocity)의 개념(지지, 사랑, 이해를 상호간에 건강하게 주고 받는 것)은 우리에게 그들의 역동에 대해 더 많은 정보를 제공하고 스트레스 순간에서 공동 조절 능력을 평가하는 데 도움을 준다(Dana, 2018). 물론 부부간에 베푸는 호혜는 시간이 지나면서 달라진다. IFIO에서 우리는 파트너들이 그들의 화답하는 능력을 계속 주목하며 평가할 수 있도록 지원한다.

---

## IFIO의 신경생물학

우리는 다음과 같은 방법으로 부부들을 돕는다.
- 자율신경계에 대해 교육하고 그들의 경험을 정상화시킨다.
- 부분들로부터 분리되는 법을 가르치고, 각 파트너는 관계 트라우마를 목격할 수 있도록 돕는다. 이 것은 그들의 추방자들에게 모순된 것을 바로잡는 경험을 제공한다.

- 부부들이 참자아 입장에서 서로를 목격하고, 파트너의 상처에 대해 긍휼의 마음을 품을 때 부부에게 자신들의 가정이 잘못되었다는 회복의 경험을 제공한다.
- 무의식적인 신경수용감각 프로세스에 대한 교육을 제공한다.
- 하향식/상향식 개입방법을 사용한다(Anderson, Sweezy, & Schwartz, 2017).
- 파트너에게 공동조절 및 호혜에 대해 교육하고, 파트너들이 둘 다 경험할 수 있도록 실내 상담 연습을 실시한다.
- 파트너 간에 상담실에서 자발적으로 공동조절이 일어날 때 그것을 감지한다. 그리고 가능한 한 그 순간을 더 많이 향상시킨다.

# 자율신경계 조절하기

다음의 예는 유럽계 미국인 부부인 댄과 케이트가 회기 중에 그들의 자율신경계를 조절할 수 있도록 도와주는 자기 조절 및 공동 조절 실험을 보여준다. 댄은 20대 후반에 성전환 수술을 받은 트랜스젠더 남성이고, 케이트는 성소수자의 정체성을 갖고 있는 여성이다. 그들은 결혼한 지 5년이 되었고 함께 지낸 지는 7년이 되었다. 이들은 두 사람 모두 대화에서 실제 또는 인식된 위협에 대해 강렬하게 반응하고 있었고, 그 후 복구와 재연결이 힘든 상태였기 때문에 부부치료를 받고자 하였다.

치료사 : 지난주 어떠셨어요? 그리고 오늘 회기에는 어떤 것을 도와드리면 될까요?

댄 : 그냥 어울려 지내지 못하고 있어요. 나는 아무것도 제대로 할 수가 없어요. 항상 케이트에게서 미움을 받고 있어요.

케이트 : 그래! 그런데, 온통 너에 대한 이야기야. 나는? 나도 욕구가 있어, 댄!

댄 : 그래? 우리는 헤어져 달려가는 거야! [그는 눈을 부라린다]

치료사 : 알겠어요. 두 분이 어울려 지내기 위해 몸부림치고 있다고 하셨지요, 댄 씨. 당신에게는 제대로 할 수 있는 게 하나도 없다고 느끼는 부분이 있네요. 그리고 케이트 씨, 당신은 욕구가 충족되지 않은 부분들에 대해 이야기했어요. 이 문제들은 당신들의 관계에서 마찰을 일으키고 있어요. 그리고 두 분 다 좌절감을 느끼고 있어요. 내가 모두 제대로 이해했나요?

댄 : 네.

케이트 : 맞아요!

　치료사 : 지난번에 여기까지 했지요, 그러니까 계속 하지요. [댄이 고개를 끄덕인다]

케이트 : [댄에게] 그런데, 너는 항상 화를 내고 소리를 지르잖아. 난 그걸 감당할 수 없어.

댄 : 정말 잘난 척하고 있네. 누군들 화내지 않겠어?

　치료사 : 잠깐 시간을 가지고 지금 어떤 일이 일어나고 있는지 주목해보시지요. 몸부터 시작해요. 심호흡을 몇 번 해보세요. [잠시 후] 두 분의 신경계에 대해 상기시켜 드리고 싶어요. 두 분은 지금 싸우고 있나요, 도망가고 있나요, 아니면 얼어붙어 있나요?

케이트 : 좋아요. 내게는 대체로 도망가는 부분이 있어요. 그 부분이 "나를 여기서 나가게 해줘!"라고 말하는 목소리가 들려요.

댄 : 그리고 난 내 평소대로예요. 싸우고 싶어 좀이 쑤셔요.

　치료사 : 지금 당신 몸에서 어떤 일이 일어나고 있나요?

댄 : 지금 점점 올라오고 있어요. 몸이 경직되어 있어요. 어떻게 할 수가 없네요.

　치료사 : 알겠어요, 댄 씨. 당신은 화가 나있고, 점점 더 불안해하고 있어요. 그리고 어떻게 할 수 없다는 느낌을 갖고 있어요. 그게 맞나요?

> 그대로 반영하기

댄 : 맞습니다.

　치료사 : [케이트에게 몸을 돌려] 그리고 당신의 몸은요?

케이트 : 긴장되어 있긴 하지만, 일어나서 도망칠 정도는 아니에요. 어쨌든 지금은 아니에요. 심호흡을 하면 도움이 돼요.

　치료사 : 좋아요. 당신이 몸과 부분들에게 계속 주목할 수 있다면, 나는 잠깐 댄 씨와 시간을 보내고 싶어요.

케이트 : 저는 괜찮아요.

　치료사 : [댄에게] 당신 몸에 있는 이 모든 에너지가 나한테는 이해가 돼요. 당신은 불안한 느낌을 갖고 있는 것처럼 들려요. 저를 바라보실 수 있나요?

> 눈 맞춤 및 목소리 톤을 통해 공동 조절을 제의하기

치료사 : [계속해서] 댄 씨, 당신이 불쾌하거나 위협을 느낄 때 화를 내면 그 화가 당신 몸을 장악한다고 말씀하셨어요. 그리고 IFS에서 말하는 것처럼, 때로는 이 화난 부분이 분리되기가 힘들어요. 차분한 상태로 만들기가 힘들지요. 그리고 지금까지의 당신 사연에 비추어볼 때, 이건 제게 충분히 이해가 돼요. 지금 당신이 어떤 느낌인지 이야기하고 싶은 것이 더 있으신가요?

> 확인 및 그대로 반영하기에 이어 감정에 대해 좀 더 이야기하도록 초대하기

댄 : 조금 나아졌어요. 하지만 아직 화가 납니다. 정말로 화가 납니다.

치료사 : 당신은 정말 화가 나셨네요.

> 그의 감정 상태에 초점 맞추기

댄 : 맞아요.

치료사 : 당신은 화도 한 부분으로 보시나요?

댄 : 그렇습니다.

치료사 : 이 부분이 당신 몸 안이나 주위 어느 곳에서 느껴지시나요?

> 인식을 다시 몸으로 가져오기

댄 : 내 가슴이요.

치료사 : 당신은 그 부분을 향하여 어떤 느낌이 드시나요?

> 분리 상태를 체크하기

댄 : 내가 바로 화내는 그 사람인 것 같아요. 거기에는 지금 그 사람밖에 없어요.

치료사 : 내가 그 사람과 말 좀 해도 될까요?

> 직접 접근에 대한 허락을 얻기

댄 : 좋습니다.

치료사 : [케이트에게로 몸을 돌려] 함께 하실래요?

> 파트너와 연결 유지하기

케이트 : 네, 그럴게요. 선생님이 댄과 그리고 그의 분노와 함께 있다는 것을 알고 있으니 한결 마음이 놓여요.

치료사 : [직접 접근을 사용하여] 그럼 댄 씨의 화난 부분과 이야기할게요. 제 말이 들리나
요? [댄이 고개를 끄덕인다] 어떤 일이 진행되고 있는지 내가 이해할 수 있도록 도
와주시겠어요?

댄 : [화난 부분이 직접 대답한다] 댄이 얼마나 나약하고, 징징대며, 무능하고, 줏대가 없는 사
람인지 선생님은 이해하지 못하시네요! 나는 그가 살아 있는 유일한 희망이에요.

치료사 : 그렇군요. 당신은 강하고 힘이 넘치시나요?

댄 : [화난 부분] 그는 살아있어요, 그렇지 않은가요? 내가 아니었으면 그는 아마도 죽었을
거예요. 그 누구도, 정말이지 아무도 그를 다시는 위협하지 않을 거예요.

치료사 : 케이트의 그런 부분들도 포함해서요?

댄 : [케이트를 바라본다] 그럴 거예요.

치료사 : [댄의 참자아에게] 댄 씨, 경청하고 있나요?

댄 : 네, 듣고 있습니다.

치료사 : 당신은 지금 이 부분을 향하여 어떤 느낌이 드시나요?

> 분리 상태를 체크하기

댄 : 나는 이 단어들을 알아요. 저는 십 대 때부터 이런 말을 하기 시작했어요.

치료사 : 그 당시에도 이런 식으로 당신을 보호하기 시작했던 부분이 있다고요?

댄 : 네. 다 사실이에요. 이 부분이 없으면 난 죽었을 거예요.

치료사 : 지금 당신 몸에서 어떤 일이 일어나고 있나요?

> 그의 각성 수준을 체크하기

댄 : 좀 더 차분해진 것 같아요. 그러나 아직도 많은 에너지가 흘러 다니는 것이 느껴져요.

치료사 : 그렇군요. 당신 몸에 많은 에너지가 있네요. 감당할 수 있나요?

> 분리 상태를 체크하기, 그리고 계속하기 위한 허락 얻기

댄 : 네, 감당할 수 있어요.

치료사 : 이 보호적인 부분에게 좀 더 질문하시겠어요?

댄 : 해보지요. 내가 그를 주목하면 할수록, 그는 더 많이 바뀌네요. 그는 사자였는데, 지금
은 십 대처럼 보여요.

치료사 : 그게 이해되나요? 아니면 그에게 그것을 물어봐야 하나요?

댄 : 아니에요. 이해가 돼요.

치료사 : 맞는 것 같으면, 누구를 보호하는지 물어보세요.

댄 : [길게 멈춘다] 아, 맙소사! 나, 거기 가고 싶지 않아요.

치료사 : 왜요?

댄 : 여자 아이 부분이에요. 어린 여자 아이. 혼란스러워하고, 겁에 질렸어요.

치료사 : 지금 누가 두려워하고 있나요?

댄 : [목소리를 높인다] 모든 사람이 이 여자 아이를 두려워해요! 이것이 이해가 안 되시나요?

치료사 : 댄 씨, 저는 이것을 정말 이해하고 싶어요. 그들이 무엇을 두려워하나요?

댄 : 나는 과거로 도로 끌려가지 않을 거예요. 나는 다 두고 떠났어요.

치료사 : 그래서 당신에게는 그 여자 아이에게 위협을 느끼는 부분들이 있나요?

댄 : 네.

치료사 : 과거로 돌아가보는 것이 위험하다고 느끼나요? 당신에게는 여전히 그 아이를 보호하고자 애쓰는 부분이 있고, 또한 그 아이를 추방하고 싶어 하는 부분들도 있는 것으로 이해해요. 맞나요?

> 이 추방자 관련하여 양극화된 보호자들에게 이름 붙이기

댄 : 바로 그거예요.

치료사 : 그 딜레마가 몸에서 느껴지나요?

댄 : 엄청난 불안감이 있어요!

치료사 : 이 모든 부분들을 도울 거예요, 댄 씨. 하지만 먼저 케이트 씨를 체크해보겠어요. [댄이 고개를 끄덕이자, 치료사는 케이트에게로 몸을 돌린다] 집중하고 계신가요? 이런 것이 이해가 되시나요?

케이트 : 네. 재밌네요. 어쩐지 느낌이 왔어요. 무언가가 항상 짓눌리고 있어요. 그리고 댄은 내가 위협적인 존재인 것처럼 행동해요. 내가 멍청한 인간일 수는 있지만 저 사람을 두들겨 패거나 하진 않을 거예요.

댄 : [확 올려다보며, 딱딱거린다] 음, 당신은 그럴 것 같은데! 당신은 끊임없이 나를 비판하고 있잖아.

치료사 : 방금 어떤 일이 일어난 건가요, 댄 씨?

댄 : 도로 화가 났어요.

치료사 : 당신이 위협을 받고 있다는 느낌이 있을 때 이 부분이 얼마나 빨리 행동으로 옮기는지 아셨지요? [댄이 고개를 끄덕인다] 이 거대한 보호자가 더 안전하게 느낄 수 있도록 우리가 무언가를 해줄 수 있다면 그 보호자가 이렇게 빨리 케이트 씨에게 반응할 필요가 있을까요?

> 부분이 지지를 받고 덜 반응적이 되도록 초대하여, 내담자가 더 많은 반응 선택지를 갖게 하기

댄 : 사실, 이 부분은 반응할 때 자신에겐 선택의 여지가 없다고 느끼고 있어요. 그럼 어떻게 그것을 바꾸게 되나요?

치료사 : 계속해서 당신이 세 가지 중요한 점을 이해하도록 도와드리지요. 첫째, 이것은 의식적인 인식 없이도, 즉 당신의 허락 없이도 활성화되는 보호자예요. 그 부분이 당신의 몸을 장악하지요. 둘째, 당신의 어린 시절을 생각해보면, 당신의 반응은 충분히 이해가 돼요. 셋째, 이 부분은 케이트 씨가 실제보다 더 위험하다는 가정하에 작동하고 있어요. 이 모든 것이 사실이기 때문에, 당신이 그를 분리하고 신경계를 조절하도록 도와줄 수 있는 여러 가지 방법을 갖고 있어요. 여기에는 이 십 대 소년이 보호하고 있는 부분을 치유하는 것도 포함되지요.

> 인지된 위험에 대한 자율 반응과 몸의 대처 방식을 설명한 후 대안을 제시하기

댄 : 그 여자 아이 부분 말씀이신가요?

치료사 : 맞아요. 제가 이 모든 걸 말씀드리는 동안 당신 내면에서는 어떤 일이 일어나고 있나요?

댄 : 편안해지고 있어요. 궁금하네요. 제가 평온할 때는, 제 반응이 종종 시나리오에 있는 것보다 훨씬 크다는 것을 나도 알아요. 하지만 내가 그 상황에 있을 때는, 그 정도일 수 있다는 생각이에요! [케이트를 바라본다] 당신은 이것을 어떻게 생각해?

케이트 : 나는, 당신에 대해서뿐만 아니라, 나에 대해서, 그리고 내가 얼마나 빨리 반응하는지에 대해서도 생각하고 있어. 우리가 지금 하는 것에도 이유가 있으며, 우리에게 출구의 가능성이 있다는 것을 알기만 해도 마음이 놓여.

치료사 : 두 분은 또한 이 순간에도 서로 도울 수 있어요. 우리가 관계 속에서 자극을 받아 활성화되면, 우리는 종종 외롭고 불안한 느낌을 경험하게 되지요. 이것을 바꾸기 위한 몇 가지 중요한 전략들이 있어요. 분리하는 것을 배우는 것과 두 분의 감정을 전달하는 안전하고 용기 있는 방법을 배우는 것이 그거예요. 관심 있으신가요?

> 용기 있는 의사소통의 도구를 제의하기(제2부 참조)

케이트 : 이게 우리들의 큰 목표 중 하나야, 그렇지, 댄?

댄 : 응, 그래.

치료사가 케이트와 댄이 그들의 보호자들이 갖고 있는 두려움을 해결하여 이 부분들이 분리되도록 도운 후에, 회기는 계속되었다.

치료사 : 댄 씨, 오늘 우리가 함께 시간을 보냈던 부분들을 대신해서 이야기해주실 수 있겠어요?

댄 : 케이트가 그 부분들을 알 것 같은데요.

치료사 : 그녀가 그 부분들을 직접 알 가능성도 있지만, 당신을 통해 그 부분들을 알고 있는 것이 아닌가요?

케이트: : [고개를 끄덕인다] 우린 서로의 편집증적인, 비열한 부분들에 당하고 있어요.

> 확인하고 책임짐으로써 호혜성을 만들고, 자율신경계 조절을 촉진시키기(Dana, 2018)

댄 : 좋아. 내가 한번 해보지. 케이트, 오늘, 내가 알게 된 것은 이거야. 나는 화가 나고 비열할 수 있다는 것. 그건 하나의 부분이라는 것. 당신이 비판적일 때 그 부분은 활성화된다는 것.

치료사 : 내가 달리 표현해볼까요? [댄이 고개를 끄덕인다] 좋아요. 당신이 비판받았다고 느낄 때 그 부분이 활성화되지요.

댄 : 아, 알겠어요. 때때로 나는 당신이 그런 걸 느껴, 케이트.

케이트 : 인정해. 난 비판적이긴 해.

댄 : 그래. 그러니까 내 몸에서 화산이 분출하는 것 같아. 격분하고 분개하는 부분이 바로 이 부분이야. 내가 이해하기로는, 그 부분이 내가 어렸을 때 두들겨 맞은 또 다른 부분을

보호하고 있다는 거야. "너는 받아들일 수 없어"라는 메시지였어. 이것은 결국 "다시는 그런 짓 하지 마!"라는 메시지이지. 예를 들어 감정 표현에 대해 이야기해보자. 우리 가족은 나한테 어떤 일이 일어나고 있었는지 절대 이해하지 못했어. 선생님도 친구도 마찬가지였지. 아무도 이해하지 못했어. 왕따는 끈질기게 계속되었어. 나는 여러 차례 고문을 당했어. 내가 열네 살 때 강간당했다는 거 알아? [댄은 울기 시작한다]

치료사 : 지금 이런 느낌인데, 괜찮아요?

> 계속할 수 있도록 허락 요청하기

댄 : [고개를 끄덕이며 계속 운다] 상처받은 것이 그 부분이에요. 그 아이는 너무 무서웠고 혼자였어요! 잔인하게 당했어요.

치료사 : 지금 우리가 그 아이 곁에 있어줄까요?

댄 : 내가 그 아이 곁에 있어요. 하지만 다른 부분들이 그 아이를 묻어버리고 싶어하는 것 같아요.

치료사 : 그게 이해되나요?

> 분리 상태를 체크하기

댄 : 이해돼요.

치료사 : 그 아이는 당신이 곁에 있는 것을 알고 있나요?

댄 : 알고 있어요.

치료사 : 그 아이의 욕구를 생각해보면, 지금은 어떤 것이 이해되나요?

댄 : 케이트가 그 아이에 대해 알았으면 좋겠어요.

치료사 : 케이트 씨, 댄 씨의 이 부분에 대해 들어볼 여유가 있나요?

케이트 : 그럼요! 난 지금까지 항상 이것이 궁금했어, 댄. 당신은 한 조각을 잘라내야 했던 것 같아. [부드러운 목소리로 말하며] 좀 더 가까이 가도 될까?

이 시점에서, 케이트는 댄을 향해 다가가 손을 뻗어 그의 무릎에 댔다. 자발적인 접촉은 연결과 공동 조절을 위한 시도이다.

댄 : 좋네. 당신이 느껴져. 그 아이는 덫에 걸려 제 정신이 아니었어. 어울리려고 애쓰는 것이 나를…. 나의 이 부분을 병들게 만들었어. 엄마는 나… 그 아이를 감당할 수 없었어.

치료사 : 당신은 그 아이를 어떻게 경험하고 있나요?

댄 : 사실 그 여자 아이는 작은 남자 아이처럼 보여요. 아니면 작은 남자 아이들을 어떻게 알
아보는지 말해야 해요?

치료사 : 당신은 지금 그 여자 아이를 향하여 어떤 느낌이 드나요?

댄 : 정말, 정말 슬퍼요.

치료사 : [케이트에게] 어떤 점이 당신 마음에 와닿나요?

케이트 : 큰 슬픔이요. 제가 물론 몇 가지 이야기는 들었지만, 이 이야기는 처음이에요.

치료사 : 오늘 시간이 얼마 남지 않았어요. 댄 씨, 내면에서 이 부분과 조금 더 오래 같이
있을 수 있겠어요?

댄 : [눈을 감는다] 이건 쉽지 않은 것 같아요. 내가 그 아이를 향하여 느끼는 저항감을 생각
한다면.

치료사 : 다른 부분들은요?

댄 : 네. 그들은 그 아이를 두려워해요.

치료사 : 당신이 그들에게 하고 싶은 말이 있나요?

> **내담자의 참자아가 내적 딜레마에 반응하도록 초대하기**

댄 : 네. 이건 해야겠어요. 과거가 우리를 괴롭히고 있어. 그 아이는 내가 필요해. 시간이 됐어.

치료사 : 그랬더니, 그들이 어떻게 반응해요?

댄 : 그들이 지금 당장은 괜찮아요. 하지만 이게 시작에 불과하다는 걸 난 알아요. 지금 당장
은 내가 이렇게 하는 것에 자신이 별로 없어요.

치료사 : 이것이 시작이고 이 프로세스가 전에 경험해본 것이 아님을 고려하면, 그들의 의
구심이 이해가 되나요?

댄 : 알겠습니다. 내가 등장해야겠네요.

치료사 : 되돌아가서, 우리가 다시 돌아올 때까지 그 아이가 안전하고 편안하게 느낄 수
있는 장소를 찾도록 도와줄게요.

댄 : 그 아이는 여기서 우리와 함께 있고 싶어 해요.

치료사 : 당신은 어떤데요?

댄 : 좋아요.

치료사 : 케이트 씨, 댄 씨나 이 부분에 대해 진심으로 하고 싶은 말이 있나요? 당신의 가
　　　　슴으로부터.

> 파트너에게 확인을 부탁하여, 각성을 줄이는 데 도움을 주기(Fruzzetti & Worrall, 2010)

케이트 : [잠깐 멈춘 후] 당신이 기꺼이 가겠다고 하니 고마워요. 이해가 돼요. 이런 일들이 당
　　　　신에게 일어나지 않았더라면 좋았을텐데. 그리고 당신이 알아주면 좋겠어요, 비록
　　　　내가 때때로 당신이 문제라고 이야기는 하지만, 우리의 문제가 당신만의 문제가 아
　　　　니라는 걸 내가 알고 있다고. 지금 내가 보기엔, 우리가 비참한 어린 시절의 상처를
　　　　치유해야 우리의 관계는 더 나아질 수 있어요.

이 회기는 몇 가지 이유에서 복잡하였다. 처음에는 두 파트너 모두 자율적으로 각성 상태였
다. 케이트는 스스로 조절할 수 있었지만, 댄은 도움이 필요했다. 따라서 치료사는 댄을 지
지하는 데 초점을 맞추면서도, 케이트를 내버려두거나 그들이 부부라는 사실을 잊어버리
지 않도록 조심하였다. 회기가 진행되는 동안, 치료사는 그들에게 자율신경계에 대해 교육
하고 댄이 최적의 각성 상태에 이르도록 도운 다음(하향식으로 개입하여 확인하고, 그대로
반영하며, 감정을 대변하도록 초대하면서), 그가 내면에 주의를 기울일 수 있도록 유-턴을
도왔다.

내면에서, 댄은 화난 십 대 소년이, 소년처럼 생겨 외부뿐만 아니라 내면적으로도 추방되
어있었던 겁에 질린 소녀를 보호하고 있다는 것을 알게 되었다. 그의 시스템은 계속해서 그
아이를 위협 요인으로 보고 있었다. 그의 자율신경계를 조절함으로써 댄은 이 회피에 대
해 참자아의 이끎을 받는 도전을 할 수 있었고, 그는 자신의 프로세스에 케이트를 포함시켰
다. 그는 아이가 구조를 필요로 하는 것을 깨달았으며, 다른 부분들의 두려움이 방해가 된
다는 것도 이해하였다. 이 회기는 어떻게 외부 확인(external validation)은 안심시키고, 내적
재연결(internal reconnection)은 진정시킴으로써 개인과 부부가 초기의 조절 장애로 인한
단절 상태로부터 최적의 평온과 현재에 의식 집중을 향하여 나아갈 수 있도록 해주는지를
보여준다.

댄과 케이트 같은 부부들이 그들의 보호 시스템이 만성적으로 혹사당하여 조절 장애를 느껴 치료받으러 올 때, 우리의 임무는 그들이 신뢰를 회복할 수 있도록 돕는 것이다. 그들이 절망을 느낄 때, 우리의 임무는 인내하며 끈기를 유지하는 것이다. IFIO의 단계들은 부부들이 안전과 신뢰의 발달을 지원하도록 디자인되었다. 목표는 부분들을 인식하되 그들과 섞이지 않도록 돕는 것이다. 그들의 부분들이 분리가 잘 될수록, 신경계는 더 잘 조절된다. 두 파트너의 신경계가 더 잘 조절될수록, 그들은 갈등과 고통의 시기에 서로를 버리는 대신 서로를 지원하게 될 가능성이 커진다. 잘 조절된 신경계는 온전한 관계적 동시성(relational synchrony)을 가져온다.

# 치료사의 어려움

## 치료사들에게도 부분들이 있다 : 치료에서 어려운 것은 당신에게도 어려운 것이다

내담자들과 마찬가지로 우리 치료사들도 치료에 방해가 될 수 있는 부분들과 짐을 가지고 있다. 역전이는 모든 관계에서 피할 수 없는 특징이다. 만약 우리가 우리의 부분들에 대해 알지 못하고 그들의 욕구를 무시한다면, 우리는 그것을 문제로 만드는 것이다. 하지만 우리는 그것을 기회로 만들 수 있다. 판단적이거나 두려워하는 부분들이 튀어나오는 순간은, 차분하고 호기심 어린 질문을 할 경우, 우리 부분들의 욕구에 대한 중요한 지식을 끌어내게 되는 지점을 표시한다. 부부들은 결코 객관적으로 '쉽거나' '어렵지' 않다. 예를 들어, 내향적이고 말이 별로 없는 부부와 갖게 될 다음 회기에 대한 우리의 두려움은 우리 자신의 추방자들을 찾아 짐을 내려놓으라는 신호이다. 다음 문제들은 종종 역전이 반응을 야기시킨다. 이것들은 치료사의 짐에서 나오므로 탐구할 필요가 있다.

1. **부부의 상호작용 스타일이 치료사에게 자신의 과거를 상기시킨다.**
   - "나의 부모님이나 돌보미들은 이런 식으로 행동했어요."
     어릴 때 부모나 다른 돌보미들과 학습한 경험이 있었던 부분들은 부부가 비슷한 행동을 보일 때 감정이 올라올 가능성이 있다. 보통 우리는 과거의 부정적인 경험에 대해 이야기하지만, 역전이는 한계가 없다. 당신이 특히 조부모님을 사랑하였는데, 부부 중 한 사람이 비슷하게 재미있거나 자애롭다는 인상을 갖게 되면 역전이가 문제가 될 수가 있다. 여기서 항상 그렇듯이, 우리의 임무는 내담자 부분들에 대한 우리 부분들의 반응(동일시나 미움)을 내면적으로 관찰하고, 이 정보를 사용하여 걸림돌을 제거하고 우리 추방자들이 짐을 내려놓도록 돕는 것이다. 그리하여 우리는 치료사로서의 우리의 역할에서 참자아의 이끎을 받을 수 있게 된다.

2. **부부가 외도나 배신을 꾀하고 있다.**

- "나는 도덕적인 근거에서 부정을 탐탁치 않아 하도록 가르침을 받았다."

- "부정으로 인해, 내가 상처를 받았거나, 내가 아끼는 누군가가 상처를 받았다."

    어떤 종류의 부정(또는 배신)이라도 그에 대한 개인의 반응은 그것이 그들에게 어떤 의미인가에 달려있으며, 그것은 다시 그들의 과거사와 문화에 달려있다. 외도는 종종 보호자들을 동원한다. 거기에는 거짓말과, 적어도 상당한 수준의 버림이라는 신호가 내포되어 있기 때문이다. 파트너의 외도에 부여하는 의미가 핵심인 것이다. 외도가 무언가 수치감을 불어넣는 것을 의미하는 것, 이를 테면 내가 충분치 못하다는 것으로 받아들일 가능성이 있고, 당신은 부도덕하다거나, 당신은 나쁘다 같은 판단을 불러일으킬 가능성도 있다. 그렇지 않으면, 그것은 진정한 힘의 차등을 강조하여 내가 무력하여 나 자신을 보호할 수 없다는 것을 의미할 가능성도 있다. 어쨌든 어떤 치료사들은, 어린 시절이나 나중에 연애 관계에서의 경험 때문에 부정에 대해 강한 감정을 갖고 있고, 어떤 치료사들은 탐탁지 않아 하도록 배웠을 수도 있고, 또 어떤 치료사들은 누군가 다른 사람이 고통스러워하는 것을 목격하고 강한 감정을 갖게 되었을 수도 있다. 우리의 요점은 여기서 모든 쟁점들과 동일하다. 즉, 강한 감정이 올라올 때, 당신의 반응을 일으키는 내면을 관찰하고 당신 자신의 부분들을 돕도록 한다.

3. **부부가 성적인 문제를 내어 놓는다.**

- "나는 이에 대한 훈련을 받지 않았다."

- "나의 어떤 부분들은 이 주제로 인해 당황해하고 있다."

    당신의 내담자들이 섹스에 대해 언급하지 않더라도 우리는 섹스에 대한 주제를 제기할 것을 추천한다. 많은 부부들이 성적인 관계로 힘들어 하고 있지만, 그들의 부분들은 그것을 언급하기를 너무 수치스러워한다. 부부가 성을 탐구하는 것을 돕기 위해 당신이 성 치료사가 될 필요는 없지만, 섹스에 대해 이야기하고, 탐구하고, 내담자의 이야기를 경청하는 것을 편하게 느낄 필요는 있다. 그러므로 언제 다른 치료사를 소개해야 할지를 아는 것도 중요하다. 만약 당신의 경험 때문에 역전이 문제로 힘들어지는 경우, 당신은 슈퍼비전을 받거나, 해당 부부를 전문가에게 소개하여 병행 치료를 할 수 있다. 또한 신체에 관한 한, 의료진을 참여시킬 필요가 있을 수도 있다. 그렇기는 하지만 이것은 당신의 시스템 안에서 중요한 염려사항이 될 수 있는 또 하나의 주체이므로, 이것을 탐구함으로써 당신은 유익을 얻게 된다.

**4. 파트너 중의 한 사람 혹은 두 사람 안에 있는 비판적이고 수치감을 불어넣는 보호자들이 치료사를 공격한다.**

- "앗! 내가 이런 대접을 받는다는 말인가?"
- "어떻게 이 내담자를 끊어버릴 수 있을까?"
- "이 사람들은 희망이 없어."
- "이들의 문제는 끝이 없군."
- "이 사람들은 나아지고자 하는 의욕이 없네."
- "이런 식으로 행동하는 사람을 내가 책임질 수는 없어."

우리는 어떻게 수치심을 갖게 되는가? 그 방법을 세어보자. 우리의 보호자들은 어떻게 반응하는가? 위 목록은 몇 가지 아주 흔한 사례들을 보여준다. 당신의 취약점이 무엇이든 간에 웬만한 소방관은 그것들을 찾아내게 된다. 만약 우리가 준비가 되어 있다면, 내담자의 소방관에게 수치를 당하는 것은 기회라 할 수 있다. 왜냐하면 그것들은 우리 내면에서 비판자와 추방자 사이에 어떤 일이 일어나고 있는지, 그리고 부부를 향해서 어떤 것이 외현화되고 있는지를 우리에게 보여주기 때문이다. 수치감 불어넣기에 대한 대비책에는 일반적인 조언이 포함된다(즉, 당신의 추방자들을 찾아 그들의 짐을 내려놓도록 도와준다). 하지만 당신의 모든 추방자들이 완벽하게 짐을 내려놓았다 하더라도, 수치감 불어넣기는 상처를 주는 행동이고, 당신은 여전히 그것을 개인적으로 받아들이는 부분들을 가지고 있을 수 있다. 따라서 보호자들에게 당신은 임무를 수행하고 있는 중이며 보호가 필요치 않다는 사실을 상기시킴으로써 그들을 준비시킨다. 만약 당신이 실수를 했거나 내담자가 타당한 불평을 가지고 있다면, 그것을 인정하고 복구의 모델을 만든다. 투사하거나, 두려움 혹은 정서적인 고통에서 벗어나기 위해 싸움을 거는 내담자의 부분도 치료의 기회를 제공한다.

**5. 수치를 당한 추방자들은 파트너 중 한 사람과 섞이며, 이어서 치료사와 섞인다.**

- "이것은 누구라도 감당하기 힘들어."
- "이 사람[상대 파트너]은 지나쳐."

정서적인 압도감은 쉽게 전달되며 정서 전이(emotional contagion)라 불리는 유아의 공감 초기 형태를 보여준다. 한 아기가 울면 소리가 들리는 범위 내에 있는 다른 아기들도 운다. 만약 치료사가 수치심을 느끼고, 내담자의 추방자와 동일시하며 치료사를 압도하는 어린 추방자를 가지고 있다면, 치료사의 보호자들은 내담자를 비난하며, 내담자가 치료사의 고통을 야기하고 있다고 믿게 된다.

6. **치료사의 한 부분이 파트너 한 사람과 동일시하고, 내면적으로 장악하여(섞여), 부부와 삼각관계를 형성한다.**

부부치료는 본질적으로 삼각관계이다. 일단 우리가 부부와 삼각관계로 들어가면, 우리는 우리 스스로가 다음과 같은 말을 하는 것을 들을 수도 있다.

- "이 파트너가 문제야. 저 파트너는 균형 잡혀 있는데."
- "이 파트너는 너무 통제적이야, 그리고 저 사람들이 하는 것이라고는 반응하는 것뿐이야."
- "이 사람은 좋은데, 저 사람은 아니야."

또한 우리 스스로가 다음과 같은 행동을 하는 것을 발견할 수도 있다.

- 한 파트너 쪽으로 몸을 기울이고, 다른 파트너에게는 거리를 둔다.
- 한 파트너에게 미안함을 느낀다.
- 한 파트너와 동일시하고는 보호적인 된다.
- 편을 든다.

  IFIO에서 우리는 임상가들에게, 부부치료사들은 원가족의 자녀로서 그들이 성공적으로 극복하였던 삼각관계를 무의식적으로 따르게 된다고 가르친다. 우리의 임무는 우리의 원가족 삼각관계를 탐색하고 해결하는 것이다.

7. **치료사는 심한 갈등을 겪는 부부와 작업하고 있다.**

IFIO의 언어로, '심한 갈등'은 극도로 위협을 받고 있다고 느끼며, 정신적 안전감을 얻기 위해 어떤 전략도 채택하려는 보호자들을 드러내 보이는 부부를 묘사한다. 그들은 자신들의 이야기만 하며 보통 상대방을 비난하고 자신이 옳다는 내용이다. 이 보호자들은 파트너들과 치료사 모두의 신경계에 부정적인 영향을 미친다. 이 부분들은 오로지 안전에 대한 자신들의 생각에만 초점을 맞추기 때문에, 그들은 빠르게 그리고 빈번하게 관점을 잃어버린다. 만약 치료사의 추방자들이 높은 불안, 두려움, 인지적 혼란, 또는 해리 상태로 반응한다면, 치료사의 보호자들은 다음과 같은 말을 하게 된다.

- "나는 이 사람들을 다루지 못하겠어."

- "이 사람들은 이혼해야 해."
- "이 사람들은 병들었어."
- "어떻게 이 사람들을 끊어버릴 수 있을까?"
- "나는 이들을 돕지 못하겠어."

언제나 그렇듯이, 우리의 임무는 우리의 추방자들을 알고 돕는 것이다. 만약 우리가 그렇게 할 시간이 필요하거나, 어떤 이유로든 우리가 부부를 도울 수 없는 입장이라면, 우리는 우리 부분들의 두려움과 판단의 문제를 해결하고 그 커플을 친절하게 다른 치료사에게 재의뢰해야 할 책임이 있다.

### 8. 보호자들이 부분 언어에 부정적으로 반응하거나 유-턴을 거부한다.

- "나는 이 부부를 어떻게 할 수가 없어. 이들은 계약서에 서명도 하지 않았고 협조하지도 않아." 내담자의 보호적인 부분들은 여러 가지 이유로 꿈쩍도 하지 않을 수 있다. 종종 그들은 오해를 받거나, 무시당하거나, 틀렸다는 느낌을 갖고 있다. 어떤 보호자들은 부분 언어가 내면 시스템에 대한 자신들의 통제를 위협할 것이라고 두려워하고, 어떤 보호자들은 과거 치료에서 부정적인 경험을 한 적이 있다. 이러한 보호자들은 완강히 반대하는 것으로 보일 수 있기 때문에, 성취감을 느낄 필요가 있는 치료사 부분들은 그들을 용납하지 않게 된다.

### 9. 치료사의 조절장애 부분들이 등장한다.

IFIO의 모토는 "우리가 그들이다"이다. 치료사들은 부분들과 참자아를 가지고 있다. 우리에게는 어릴 적 상처, 관계의 과거사, 이혼 등이 있다. 치유되지 않은 관계 트라우마로 인한 치료사의 짐들이 회기 중에 부부로 인해 활성화될 때, 치료사는 잘 조절되고 분리된 안내자에서 겁에 질리고 압도당한 아이로 변할 수 있다. 걱정 말라. 알아차림, 전념 및 실천을 통해 우리는 우리의 부분들이 지속적으로 분리되도록 도울 수 있다. 슈퍼비전이 어떤 경우에는 좋은 방법이다. 만약 다음의 감정이나 생각 중 어느 하나라도 반복되기 시작하면, 당신은 유-턴할 시간이다.

- "이 사람들이 나를 압도하네."
- "나는 너무 불안해서 효과적으로 상담하지 못해."
- "그들의 잘못이야."
- "그들을 보면 부모님이 생각나."
- "그들의 트라우마는 나의 것과 똑같아."

- "나는 부부치료가 싫어."
- "나는 무능해."

---

# 부부치료에서 관심이 많은 주제

어떤 주제들은 치료사에게 강한 감정을 불러일으킬 가능성이 더 높다. 다음과 같은 주제들이다.

- 성과 성생활, 예 :
  - 다자간 연애를 하는 부부가 일부일처제를 믿는 치료사에게 도움을 구한다.
  - 한 파트너가 외도를 하고 거짓말을 한 부부가, 파트너나 부모의 부정에서 회복하지 못한 치료사에게 도움을 구한다.
- 성별, 예 :
  - 한 명 또는 두 명의 트랜스 파트너로 이루어진 부부가, 출생 시의 성별에 대해 암묵적으로 또는 명시적으로 편향된 신념을 가진 치료사에게 도움을 구한다.
- 다양성 및 포용, 예 :
  - 피부색을 가진 부부가 암묵적으로 또는 명시적으로 인종적 편향성을 가진 백인 치료사에게 도움을 구한다.
  - 서로 다른 인종의 부부가, 파트너 중의 한 사람과 같은 인종(혹은 두 파트너 모두와 다른 인종)의 치료사(암묵적으로 또는 명시적으로 인종적 편향성을 가지고 있는)에게 도움을 구한다.
- 종교적, 문화적 또는 정치적 차이, 예 :
  - 낙태를 반대하는 가톨릭 신자 부부가, 낙태 선택권을 지지하는 비가톨릭 신자인 치료사에게 도움을 구한다. 그리고 그들 중 한 사람 혹은 모두가 암묵적으로 또는 명시적으로 서로 다른 의견을 가진 사람들을 향하여 편향성을 가지고 있다.
  - 낙태를 두고 의견이 일치하지 않는 부부가, 어느 한 파트너에만 동의하는 치료사에게 도움을 구한다.
  - 유대교 하시드파 부부가, 여성이 교육을 받고 관계에서 동등하게 힘이 부여되어야 한다고 믿는 비하시드파 치료사에게 도움을 구한다. 그 반대도 마찬가지다.
  - 도널드 트럼프에게 투표한 부부가 엘리자베스 워런을 지지했던 치료사에게 도움을 구한다. 그 반대도 마찬가지다.

---

부부가 내어 놓는 문제와는 상관없이, 치료사들이 내담자에 대하여 반응적으로 느끼는 경우에도 IFIO 프로토콜은 동일하다. 이는 IFS에서도 마찬가지이다. 치료사들이 다양한 환경에 걸쳐 온갖 다양한 사람들에게 IFS 접근방식을 성공적으로 사용해온 이유가 이것이다. 우리의 개인적인 경험에 관한 한, 우리 모두는 구체적이고 좁은 관점을 가지고 산다. 우리는 또한 무의식

적으로 우리 개인적인 경험을 일반화하는데, 때로는 정확하기도 하지만 그렇지 않기도 하다. 이 때문에 IFIO와 IFS 모두에서 치료사의 임무는 지속적인 유-턴 입장을 유지시키는 것이다. 유-턴 입장은 섞임과 참자아의 폭넓은 관점에로의 접근에 대한 우리의 수준을 유동 평가(flowing assessment)하는 것이라 할 수 있다. 참자아의 특징 중 하나는 여러 관점을 동시에 아우를 수 있는 능력을 갖고 있는 것이다. 우리가 유-턴을 하고 분리할 때(필요한 경우, 슈퍼비전의 도움으로), 우리는 내담자들에 대한 우리의 반응을 감지하고 내담자들에게 더 여유를 가지고 도울 수 있다.

그렇긴 하지만, 치료사는 부부가 내어놓는 문제의 구체적인 사항에 대해 마땅히 식견이 있어야 한다. 내담자는 항상 우리에게 자신들에 대해 가르쳐주지만, 우리가 독서와 슈퍼비전을 통해 스스로 배울 수 있는 문제에 대해 그들이 자신들의 시간을 내어 우리에게 가르쳐주는 것이 그들의 책임은 아니다. 어떤 내담자들은 치료사에 대한 특정 요구사항(예 : 치료사가 게이 혹은 아프리카계 미국인이어야 한다)을 가지고 있고, 또 어떤 내담자들은 다른 어떤 고려 사항보다 치료사에 대한 자신들의 느낌을 최우선으로 하며, 또 어떤 내담자는 자신들에게 중요하다고 생각하는 주제에 대해 치료사의 생각을 끌어가고 싶기 때문에 의도적으로 전문가들을 멀리하기도 한다. 만약 부부가 어찌어찌 하여 당신의 상담실로 와서 당신이 제공할 수 없는 어떤 것을 원한다면, 당신은 슈퍼비전을 받고 읽어주겠다고 하거나, 그들을 다른 치료사에게 재의뢰할 수 있다.

때때로 우리는 다른 치료법 제공자들을 포함시키고 싶을 수 있다. 예를 들어, 부분들이 문제와 관련이 있을 가능성이 있는지(그리고 어느 정도인지) 탐구하는 것도 좋은 생각이기는 하지만, 내담자들이 의학적인 문제에 대해서는 전문적인 평가를 받는 것이 현명하다. 전문가의 조언도 특정한 성적인 문제같이 기능적인 문제에는 중요할 수 있다. 일부 중독과 섭식장애와 같이 생명을 위협하는 문제도 의학적 전문지식이 필요할 수 있다. 하지만 당신이 파트너 중 한 사람 혹은 두 사람을 또 다른 전문가에게 의뢰할지라도, 부부는 계속해서 당신과 작업하기를 원할 수도 있다.

다음의 워크시트는 치료사들이 내담자들과의 회기에서 개인적인 반응성 패턴에 기여하는 어떤 부분들이라도 탐구하고 접촉하는 데 도움이 될 수 있다. IFIO 치료사는 역전이를 염두에 두고 파트너 중 한 사람 또는 두 사람 모두에게 강한 반응을 갖고 있는지 주목해야 한다. 이 정도의 마음챙김이 없으면, 치료사의 반응적 보호자들이나 겁먹은 추방자들이 치료 관계를 혼란스럽게 하고 진행을 방해하게 된다. 사실 치료가 멈추는 경우, 먼저 역전이를 탐구한다. 그것이 문제일 가능성이 높다.

## 치료사 부분들 : 우리 자신의 반응성에 반응하기

모든 치료사들은 치료 중에 자기 자신의 딜레마에 빠진다. 원칙으로서, 치료 시작부터, 우리는 치료사들이 부부 파트너들에 대한 자신들의 반응에 대해 호기심을 가지라고 요청한다. 다음의 질문들은 당신의 부분들이 반응적이 될 때 호기심을 갖도록 도울 것이다.

1. 어떤 감각이 당신의 몸에서 느껴지는가? 그것들의 위치, 강도 및 에너지의 움직임을 묘사한다.

   _____

   _____

2. 당신의 첫 번째 충동은 어떤 것인가(예 : 도망가기, 싸우기, 달리기, 숨기, 무감각해지기, 웃기, 쓰러지기, 포기하기, 보호하기)?

   _____

   _____

3. 당신의 부분들은 당신에게 뭐라고 말하는가?

   _____

   _____

4. 당신의 보호자들, 즉 관리자들이나 소방관들을 파악하고 묘사한다.

   _____

   _____

5. 당신의 추방자들을 파악하고 묘사한다.

   _____

   _____

6. 당신의 노트를 다시 살펴보고 예측할 수 있고 반복적으로 반응하는 부분들이 있는지 파악한다. 그들이 기꺼이 당신의 참자아를 만나겠는가? 그들이 기꺼이 분리될 수 있도록 도움을 줄 수 있는 것은 어떤 것이겠는가?

_____

_____

# 경험 연습:
## 재연, 각본 다시 쓰기 및 복구

안전을 위해 싸우거나 도망가거나 얼어붙는 습성을 가진 보호자들은 정서적으로 소통하며 각 사람이 필요로 하는 서로 사랑하는 자원이 될 수 있는 부부의 능력을 방해한다. 대화는 적게 하고, 몸에 좀 더 초점을 맞추는 경험 연습은 부부들이 무언가 다른 행동을 함으로써 자신들의 내적·외적 이해를 심화시킬 수 있는 훌륭한 방법이다. 우리는 내담자들이 변화에 대한 고려를 넘어 강력하게 통합시키는 새로운 경험을 가질 수 있도록 돕는다.

여기서의 경험 연습은 고통스러운 대화의 재연과 각본 다시 쓰기를 말한다. 다른 치료 모델과 마찬가지로, 실습은 더 많은 가능성을 만들어낸다. 따라서 일단 당신이 IFIO 접근법의 기본적인 도구들을 습득하였다면, 우리는 당신의 직관을 신뢰하며 더 많은 경험 연습을 개발해볼 것을 권장한다.

## 경험 놀이

창의적인 각본 다시 쓰기는 부부가 그들의 자율신경계를 비활성화하고 오해와 잘못된 의사소통을 복구하며 고착된 관계 패턴을 바꿀 수 있도록 돕는다. 그것은 또한 희망을 북돋우고 탐구할 수 있는 더 많은 자료들을 드러낸다. 새로운 행동을 시도해보고자 하는 파트너의 의지는, 우리 견해로, 그들의 보호자들이 분리되어, 새로운 행동이 도움이 될 수 있다는 것을 인정할 의지가 있는가에 달려 있다. 내적 분화(inner differentiation)는 각 파트너에게 더 많은 공간을 제공하여 필수적인 유-턴을 통해 자신의 부분들이 가진 딜레마에 주목할 수 있게 만든다. 일단 참자아가 그들의 부분들로부터 분화되면, 우리는 각자가 그들 자신의 내면 시스템에 더 많이 관여하기를 원한다. 아이러니하게도, 이러한 내적 관심(inner attentiveness)은 그들로 하여금 상대방의 몸부림을 수용하고, 그것들을 향하여 친절할 수 있도록 도와준다. 내면의 친절로 인해 선순환이 시작되고, 파트너들은 회기 사이에 상처 주는 패턴을 스스로 중단함으로써 서로에게 친절할 수 있도록 준비시킨다.

경험 연습으로, 우리는 파트너들이 자신들의 안전지대(comfort zone)를 벗어나 다른 것들을 시도해보라고 요청한다. 이러한 연습은 모든 것의 속도를 늦추고, 파트너들이 딜레마를 체현하여, 치료사의 도움을 받아 몸 안에서(in vivo) 해결할 수 있도록 도와준다. 우리는 부부의 상호 신뢰 수준이 충분히 높고 실험이 교훈적일 것이라는 확신이 들 때 실험을 소개한다.

게슈탈트 치료법에서 차용하여, 다음의 치료사 유인물에는 두 가지 실험이 들어 있는데, 내담자들이 행함으로써 배우도록 안내해주고 있다. 이 실험들은 창의적이고 모험적이다. 이것들은 상황과 부부의 편안함 수준에 따라 간단할 수도 있고 복잡할 수도 있다. 이것들은 각 파트너가 분리되어, 그들이 갈등 상황에서 어떻게 행동하는지 보며, 상대방의 부분들을 체현함으로써, 상대방을 이해하고 공감할 수 있도록 돕는 것을 목표로 한다. 일단 실험이 시작되면, 우리는 흐름을 따른다. 우리의 안내 지침은 구체적인 결과물을 얻기 위한 의제는 가볍게 여기도록 하여, 우리가 마음을 열고, 호기심을 가지며, 참자아의 이끎을 받을 수 있도록 하는 것이다. 이 경험은 우리가 현재의 강한 감정을 이해하는 데 도움을 주며, 장차 주의를 기울여야 할 중요한 문제들을 드러내 보여줄 수도 있다.[*]

---

[*] 이러한 실험을 개발하는 데 도움을 준 노엘 뷔피에르에게 감사드린다.

## 치료사 워크시트

# 경험을 실험하기 :
# 재연

다음 두 실험을 설정하기 위해, 먼저 부부가 실험에 관심이 있는지 물어보는 것으로 시작하고 당신이 마음에 두고 있는 것을 설명한다. 어떤 일이 일어나더라도 당신이 현재에 주의를 기울일 수 있는 자신이 있는지 먼저 알아차림으로써 이 프로세스가 진행되는 동안에 안전을 확보한다. 만약 자신이 없으면, 당신의 부분들이 분리되도록 해준다. 그런 다음 부부에게서 새로운 것을 시도해보고, 저항하는 부분들을 따뜻하게 맞이하겠다는 허락을 얻는다.

실험하는 동안, 파트너의 질문이 심화될 수 있는 순간에 주의를 기울이고, 그들이 취약성을 표현하도록 용기를 불어넣는다. 그들이 어떤 것을 감지하는지, 그리고 그들의 몸에서 어떤 일이 일어나고 있는지를 계속해서 물어봄으로써, 그들의 경험을 고정시키도록 해준다.

마지막으로, 개인 및 관계 경험을 프로세싱 할 시간을 남겨둔다.

### 실험 #1 : 역할 바꾸기

1. 부부가 선택하고 초점을 맞출 사건을 설명하도록 초대한다. 파트너 중의 한 사람 혹은 두 사람에게서 강한 감각, 감정 및 생각을 떠올리게 만든 사건을 선택한다. 진행하기 전에 내담자들이 그 사건에 대해 합의할 수 있는 점들을 결정하도록 돕는다. 그리고 특히 강한 감정과 결합되어 있을 경우, 그 기억은 부정확하다는 점을 그들에게 상기시킨다.

2. 파트너들이 원한다면 일어서서 방을 돌아다니도록 초대한다.

3. 누구의 경험에 먼저 주의를 기울일 것인지 협상한다. 우리는 이 사람을 파트너 A라고 부르고자 한다.

4. 두 사람 다 내면으로 들어가(유-턴을 하여) 보호자들에게 분리되어 달라고 요청한다. 그리하여 각 파트너는 문제의 사건과 관련 있는 부분들을 찾을 수 있게 된다.

5. 파트너 B가 자신의 부분들을 인식하고 있으며, 경청하기 위해 현재에 주의를 집중할 수 있는지 체크한다.

6. 그런 다음 당신의 주의를 파트너 A에게 돌려 다음과 같이 묻는다. "파트너 B가 어떤 말이나

행동을 하였기에, 이러한 일련의 감각, 감정 및 생각을 촉발시켰나요?"

7. 당신이 파트너 B에게 촉발시키는 행동을 재연하도록 요청하겠다고 파트너 A에게 말하고 는, 그(파트너 A)에게 다음을 주목해보라고 한다.

- 그의 몸
- 그의 부분들이 내면적으로 이야기하고 있는 내용
- 그들의 감정
- 이 상황에서 가장 취약해 보이는 부분

8. 그런 다음, 파트너 B에게 촉발시키는 행동을 재연해보라고 요청한다.

- 이 시간 동안 파트너 A를 체크한다. 그들은 자신들의 반응성 저변에 있는 취약한 부분 을 감지하였는가? 잠시 시간을 내어 그 부분의 희망, 두려움, 욕구를 탐구한다.

9. 파트너 B를 체크한다.

- 다시 그런 식으로 행동하니 어땠는가?
- 그들은 자신들의 부분들에 대해 어떤 것을 감지하였는가?
- 지금 어떤 감정이 올라오는가?

10. 지금(시간이 있을 경우) 또는 다음 회기에서, 역할을 바꿔 순서를 반복한다.

**실험 #2 : 더 깊이 들어가기 : 상대방 입장이 되어 보기**

이 실험은 파트너들이 진정으로 서로를 이해하고 그들의 역동에 대해 더 넓은 시각을 얻을 수 있도록 돕기 위한 목표를 가지고 있으며, 역할 바꾸기를 넘어 각 파트너에게 상상력을 사용하 여 상대방을 체현하고 상대방의 부분들의 입장에서 느껴보도록 요청한다. 이 실험은 실험 #1 의 첫 단계들로 시작한다.

1. 파트너 A에게 묻는다. "당신의 파트너는 어떤 말이나 행동을 하였기에, 이 같은 일련의 감 각, 감정 및 생각을 촉발시켰나요?"

2. 파트너 B가 촉발 행동을 재연하는 동안 파트너 A는 다음 사항에 주목하도록 초대한다.

○ 그들의 몸
○ 그의 부분들이 내면적으로 이야기하고 있는 내용
○ 그들의 감정
○ 이 상황에서 가장 취약해 보이는 부분

3. 파트너 B를 체크한다.

○ 다시 그런 식으로 행동하니 어땠는가?

○ 그들은 자신의 부분들에 대해 어떤 것을 감지하였는가?

○ 그들은 지금 어떤 기분인가?

4. 이제 단순히 역할을 바꾸는 대신에, 파트너 A에게 파트너 B가 되는 상상을 해보라고 요청한다. 이런 식으로 속도를 늦춘다. 파트너 A가 촉발 행동을 반복할 터인데, 그동안 자신의 몸, 내면에서 들리는 이야기, 느끼는 것에 주목해보라고 설명한다. 그런 다음 파트너 A에게 촉발 행동을 재연해보라고 초대한다.

5. 이제 파트너 A가 그 행동을 하는 동안 어떤 것을 감지하였는지 탐구하고, 파트너 A에게 파트너 B의 부분들의 바람과 욕구를 대변해보라고 요청한다.

6. 그다음, 파트너 B가 파트너 A의 입장이 되니, 어떤 것을 감지하게 되었는지 묻는다. 그리고 파트너 B에게 파트너 A의 부분들의 바람과 욕구를 대변해 보라고 요청한다.

7. 각 파트너에게 상대방의 입장이 되어 본 경험을 대변해 보라고 요청한다.

- 그들은 어떤 것을 배웠는가?

- 어떤 것이 그들을 놀라게 하였는가?

- 그들은 어떤 투사가 일어나고 있음을 감지하였는가? 즉, 상대방의 것이 아니라, 그들의 것이었는가?

- 시간을 내어 이것이 미래의 질문에 어떤 도움을 줄 수 있는지 탐구한다.

8. 마지막으로, 그들이 원래의 상호작용에 대한 각본을 다시 써, 지금 어떻게 진행되는지 알아보도록 초대한다.

9. 시간을 내어 새로운 통찰을 적은 다음 중단한다.

# 상대방이 되어보기

다음의 예는 한 부부가 먼저 역할을 바꾼 다음, 상대방이 되어보는 각본 다시 쓰기 작업 순서를 보여준다. 킴과 데이브 부부는 결혼한 지 17년이 되었다. 그들은 50대의 이성애자였고 두 명의 학령기 자녀를 두고 있었다. 혼혈인 킴(유럽계 미국인 어머니와 아프리카계 미국인 아버지)은 영국에서 자랐다. 아프리카계 미국인인 데이브는 미국에서 자랐다. 킴은 변호사로 일하면서 한 달에 최소 닷새는 출장을 다녀야 했다. 지방 대학의 종신 교수였던 데이브는 정기적으로 출장을 다니지 않았다.

킴은 과거에도 치료를 받아본 경험이 있고 어머니가 심리학자였기에, 치료 회기에서 편안해 보였다. 반면에 데이브는 치료를 받아 본 적이 없었고, 처음에는 대학에서 자신의 명성과 정신건강 문제를 가지고 있다는 오명을 염려하였다. 그들은 서로를 향하여 많은 호의를 표현하였고, 함께 자녀들을 잘 양육하였으며, 좋은 의사소통을 하고 있다고 하였고, 전반적으로 그들의 관계에 만족감을 느꼈다. 그러나 그들은 킴이 출장을 마치고 귀가할 때마다 말다툼을 하지 않은 적이 없었다. 이 같은 싸움은 순식간에 일어났고 고통스러웠다.

처음 몇 번의 치료 회기는 미국에서 자란 유럽계 미국인 동성애자 치료사와 작업하는 것에 대한 그들의 감정에 초점을 맞추었다. 많은 진척이 있었고, 모두에게 도움이 되었다. 그다음은 치료를 조심스러워하는 데이브의 부분들의 이야기를 듣는 것에 초점을 맞추었다. 이것도 잘 진행되었다. 두 파트너 모두 부분 언어가 그들의 보호자들이 분리될 수 있도록 하여 그들이 취약한 추방자들을 발견할 수 있음을 알게 되었다. 그리고 그들은 스트레스 많은 대화를 하는 동안 자신들의 신경계가 어떻게 기능하고 있는지 알게 된 것을 고마워하였다. 데이브는 싸우고 나서 도망가는 경향이 있는 부분이 있는 반면, 킴은 재빠르게 마음을 닫아거는 경향을 보이는 부분이 있다는 것을 알게 되었다. 그들은 치료사가 가르쳐준 도구를 재빨리 사용해서 이 보호자들이 분리될 수 있도록 하였다. 다음의 회기는 그들이 가졌던 전형적인 싸움을 재연하고 나서 각본을 다시 쓰는 실험을 보여준다.

킴 : 내가 출장에서 돌아올 때 우리가 겪게 되는 이 일로 우리는 여전히 다투고 있어요. 슬퍼요. 나는 집에 올 준비가 다 되었다는 생각에, 데이브와 아이들이 보고 싶었어요. 그러

고나서, 이 힘든 역동이 일어나지요. 나는 여행으로 탈진되어 있어, 제대로 대처하지 못해요.

치료사 : 그것에 대해 오늘 당신이 초점을 맞추고 싶으신가요?

킴 : 그렇습니다.

치료사 : [데이브에게] 당신도 괜찮으세요?

데이브 : 네. 기억이 생생해요. 킴은 평소보다 더 오랫동안 웨스트 코스트에 있다가 막 돌아왔어요.

치료사 : [데이브에게] 그것 관련하여 대변하고 싶은 것이 더 있나요?

데이브 : 기분이 좀 언짢아요. 내가 비판받고 묵살당한 느낌이 들어요. 그러다 무시하게 되었어요.

치료사 : 누가 이 딜레마에 대한 분석을 시작하고 싶은가요?

킴 : [데이브에게] 당신이 지금 화가 났으니, 시작해 볼래?

데이브 : 그러지.

치료사 : [데이브에게] 당신은 자신의 경험을 대변하게 되며, 기억은 강한 감정에 의해 왜곡된다는 사실을 상기시켜드려요. [킴에게로 고개를 돌려] 데이브 씨가 끝나면, 당신이 채워 넣을 수 있는 기회를 가질 거예요.

킴 : 좋아요.

데이브 : 좋습니다. 그래서 우리가 논의하였듯이, 집안 돌보는 일에 대한 저의 감성은 킴과는 달라요. 그녀에 관한 한, 그녀가 자리를 비우고 내가 책임지는 경우, 완전히 엉망이 되지요. 난 체계적이지 못하고, 아이들은 엉망이에요. 그래서 집은 결국 혼돈 상태가 돼요. 아내가 집에 도착하기 전에 최선을 다해 모든 것을 정리하지요. 왜냐하면 물건들이 모두 제자리에 있지 않을 경우, 아내가 돌변하게 될 것을 나는 알기 때문이에요. 하지만 아내가 발을 들여놓는 순간, 아내는 내가 수습하기 위해 행한 일보다는 혼돈에 주목하지요. 그녀는 큰 실망감을 느끼는 것 같아요, 나는 무시당한 기분이고요. 나는 화가 나서 물러나지요. 난 그것을 정말 개인적으로 받아들이지요.

치료사 : [킴에게] 덧붙이고 싶으세요?

킴 : 음, 그 이야기를 들었고, 다 알고 있어요. 하지만 저 사람 이야기는 내가 모든 것이 완벽하길 바란다는 것이네요. 물건들이 제자리에 있지 않을 때 제가 그것을 발견하고 제가 돌변하거나, 저 사람과 아이들에 대해 세세한 것까지 통제를 시작하는 것은 사실이지만, 저 사람의 반응은 야박하네요. 저 사람이 인색할 수는 있어요. 나는 여행으로 탈진되었고 마지막 계속 며칠 동안 내 에너지의 약 150%를 쏟아부었어요. 나는 어느 정도 휴식과 평화를 기대하며 집으로 돌아오지요. 그래서 저는 나의 이 부분[혼돈을 보고 노력을 잊어버리는 부분(고마워요, 엄마!)]이 마음에 들지 않지만, 또한 저 사람의 반응도 마음에 들지 않아요. 나는 화가 나서 저 사람에게 잔소리를 하지요. 저 사람은 삐치고, 저는 화가 나 박차고 나가지요. 그러고는 나는 마음을 닫아 걸고 내 자신이 이런 말을 하는 것을 들어요. "내가 왜 구태여 집에 오려고 하는 거지?" 저는 외로울 뿐이에요.

치료사 : 이 패턴은 알아볼 수 있죠? [두 사람 모두 고개를 끄덕인다] 내게 좋은 생각이 있어요. 만약 두 분이 새로운 것을 시도해볼 의사가 있으시다면, 지금 이 시나리오를 달리 분석해보시지요. 느린 동작으로 다시 해보시지요. 그래서 두 분이 서로에 대한 반응 저변에 어떤 것이 있는지를 발견하고 서로의 경험을 느껴볼 수 있도록이요. 이 연습은 두 분의 싸움을 추적하고, 보호자들이 하는 행동이나 말을 이해하는 것과 비슷하지만, 깊이는 더 깊어요.

> **부부에게 아이디어를 소개하기**

킴 : 좀 더 말씀해주세요.

치료사 : 저는 두 분께 일어서서 돌아다녀보라고 요청할 거예요. [데이브가 움찔한다] 물론, 두 분이 그런 식으로 꼭 해야 하는 것은 아니에요. 두 분에게 선택권을 드릴게요.

데이브 : 아니에요, 해볼게요. 너무 이상하면 말씀드리겠습니다.

치료사 : 좋습니다. 두 분이 이번 주 초에 있었던 일로 돌아가서 킴이 문을 열고 들어올 때부터 재연해보도록 하세요. 저는 두 분 모두 이 상황에 관여하는 모든 부분들에 주목해주십사 요청할 것이고요, 필요하면 잠시 멈추고 그 부분들을 분리하라고 요청할게요.

> **연습에 대해 더 자세히 살펴봄으로써 안전감을 복돋우기**

킴 : 난 해보겠어. 데이브, 당신은?

데이브 : 나도.

치료사 : 어떻게 진행하는지에 대한 아이디어는 제가 갖고 있지만, 우린 탐구해나가는 거예요. 그리고 두 분이 아마도 감지하셨듯이, 어떤 일이든 일어날 수 있어요. 그럼 어떤 일이 일어나는지 볼게요. 됐어요? [그들은 고개를 끄덕인다] 일어서서 방 아무 데나 가 있으세요. 데이브 씨, 당신부터 시작해볼까요?

데이브 : 그렇게 하지요.

치료사 : [킴에게] 우선은, 제가 코칭 해드릴게요. 데이브 씨의 말을 듣고 싶어 하지 않는 부분들이 있는지 감지하고 그들에게 분리를 요청하는 것으로 시작하시지요. 그런 다음 몸을 스캔하고 당신에게 경청할 공간이 충분히 있는지 확인하세요.

> **도움을 제의하기**

킴 : [눈을 감는다. 잠시 내면에 잠겨 있다가 눈을 뜬다] 믿거나 말거나, 저는 꽤 여유가 생겼어요. 우리 둘 다 이 상황에서 한 가지 역할은 할 수 있다고 생각해요. 내가 너무 비판적이어서 창피한 느낌이 들어요.

치료사 : 당신에게 비판적이라 할 수 있는 부분이 있나요?

> **부분 언어로 틀을 바꾸기**

킴 : 네, 있어요.

치료사 : 방으로 들어와서 당신이 평소 데이브 씨를 자극하는 행동이나 말을 해보라고 요청할게요.

킴 : [방 맞은편에 서서 데이브를 향해 걸어간다] 안녕 여보!

데이브 : 집에 도착한 걸 환영해!

데이브가 그녀를 안아준다. 킴은 코트를 벗고 옷걸이를 찾는 흉내를 낸다. 그러고 나서 그녀는 데이브에게 고개를 돌려 짜증난 어조로 말한다.

킴 : 왜 이 신발들이 옷장 여기 저기에 처박혀 있는 거지? 그리고 왜 내 코트 옷걸이가 없는 거야?

치료사 : 데이브 씨, 잠시 시간을 내어 당신의 몸에서 어떤 일이 일어나고 있는지 감지해 보세요.

데이브 : 아, 있네! 화내는 부분이에요.

치료사 : 그 부분이 뭐라고 말하고 있나요? 천천히 하세요.

데이브 : 내가 얼마나 열심히 노력하는가가 중요한 게 아니야. 나는 제대로 할 수가 없어! 난 킴을 위해 이 집을 청소하려고 줄기차게 일해오고 있었어. 결코 제대로 되지 않는 거야.

치료사 : 이 부분은 자신이 결코 제대로 하지 못할까 봐 두려워하는군요.

> **부분 언어로 틀을 바꾸기**

데이브 : 네.

치료사 : 그게 당신에게는 어떤 의미가 있나요?

데이브 : 난 무언가 부족해요.

치료사 : 그리고 당신이 부족하다고 느낄 때 어떤 일이 일어나나요?

데이브 : 화가 나요.

치료사 : 그리고 킴에게서 멀리 떨어져 있고 싶은 충동이 감지되나요?

데이브 : 맞아요.

치료사 : 몸 안에서 싸우고 도망가고 싶은 충동이 느껴지나요?

> **자율적인 반응에 이름 붙이기**

데이브 : 그 에너지가 날 관통하여 흐르는 느낌이에요.

치료사 : [킴에게] 당신은 어떠세요?

킴 : 좋아요. 나는 지금 그냥 듣고 싶어요.

데이브 : 당신, 이 이야기에 돌변하지 않네?

킴 : 지금은 아니야.

치료사 : [킴에게] 이야기를 더 들으실 수 있나요?

킴 : 그럼요. 언젠가는 데이브가 확실히 내 말에 귀를 기울이게 하고 싶지만.

치료사 : 물론이에요. 오늘 후반부에 역할을 바꿀 거예요. 만약 오늘 시간이 없으면, 다음

회기에 하지요. [데이브에게] 당신은 몸에 에너지가 많네요. 그게 움직이는 데 도움이 될까요?

보호자들을 안심시키기

데이브 : 사실, 그래요! [그는 팔을 흔들며 빠른 걸음을 걷다가, 멈추고 심호흡을 한다] 이제 기분이 나아졌어요. 나는 아직도 도망치고 싶은 강한 욕구가 느껴져요. 내 몸에 이토록 주의를 기울이는 것이 이상해요.

치료사 : [킴에게] 당신에게는 어떤 일이 일어나고 있나요?

킴 : 내 몸 안에 모든 에너지가 있는데, 정신적으로 알아내려고 하는 것에만 갇혀 있어요.

치료사 : 데이브 씨, 당신의 부분들과 계속 진행해도 될까요? [데이브가 고개를 끄덕인다] 당신이 몸의 감각에 주의를 기울이면서 그 모든 에너지 저변에 어떤 것이 있는지 찾을 수 있겠어요?

데이브 : [킴에게] 상처받았어. 그게 요점이야. 당신이 집에 도착하여 꺼내는 첫 마디가 왜 바로잡는 것이나 짜증이 되어야 하는지 이해가 되지 않아.

치료사 : 데이브 씨, 당신이 킴에게 이런 질문을 하고 싶어하는 것은 이해되지만, 먼저 그 상처에 대해 더 말씀해주시겠어요? 우리가 나중에 당신의 질문을 다룰게요.

데이브 : 상처가 느껴져요 [킴에게] 나로서는 쉽지 않은 일을 하면서 당신을 보살피려고 애쓰고 있어. 늘 모자라, 그것이 상처야. 이것은 상처받기 쉬워 인정하기 쉽지 않아. 나는 제대로 하려고 내 삶의 많은 영역에서 열심히 일했지만, 가장 중요한 곳에서 항상 실패하고 있어. 당신은 내가 얼마나 열심히 노력하는지 모를 거야. 당신은 내가 뭘 하는지 몰라.

치료사 : [킴에게] 어떤 일이 일어나고 있나요?

킴 : 죄책감이 들어요. 나도 이에 대해 어떻게 할 수 없다고 느끼는 부분이 있긴 하지만, 당신이 모자란다는 건 아니야.

치료사 : [킴에게] 데이브가 밝힌 자신의 어린 시절에 대한 이야기를 생각해볼 때, 그가 결코 제대로 할 수 없다고 묘사하고 있는 짐이 이해되시나요?

킴 : 네, 그럼요.

치료사 : [데이브에게] 그 말을 들으니 어떤가요?

데이브 : 좋아요, 사실.

치료사 : 데이브 씨, 킴에게 요청할 것이 있어요?

데이브 : 네, 있습니다. 당신은 짜증나는 일을 말하기 전에, 그리고 자신을 챙기려고 물건들을 옮기기 전에 우리에게 인사부터 하면 좋겠어. 당신이 어떤 것이 옳지 않은지를 찾기 전에 어떤 것이 옳은지를 보면 좋겠어. 이해가 돼?

킴 : 정말 이해가 돼, 데이브. 내가 강박증이 있다고 우리는 농담하고 다니지만, 우리는 뭔가 중요한 것을 찾았다는 생각이 들어. 강박증 그 자체는 아니지만, 그와 같은 것. 그게 나와의 싸움이야. 나는 어떻게든 그것을 해결하려고 하고 있어. 나는 당신에게 상처를 주고 싶지도 않고 애들을 논쟁에 끌어들이고 싶지도 않아.

치료사 : 데이브 씨, 바로 지금 누군가 당신의 부분들을 바라보고 귀를 기울여주니 어떤가요?

데이브 : 훨씬 좋지요. 감사합니다. [킴에게 고개를 돌려] 킴, 내 이야기를 들어주고, 이에 대해 작업하는 것에 동의를 해줘서 고마워.

치료사 : 시간이 좀 남았어요. [데이브에게] 킴 씨의 경험에 대해 알아볼 수 있겠어요?

데이브 : 그럼요.

치료사 : 이번에는 두 분에게 조금 다른 걸 해보시라고 요청할게요. 역할을 바꾸면 좋겠어요. 킴 씨의 내면에 어떤 일이 일어나고 있는지 감을 잡기 위해, 당신은 킴 씨의 입장이 될 거예요. 아시겠지요?

> **그들에게 계획을 말하고 허락을 구하기**

데이브 : 좋아요.

킴 : 이 아이디어가 너무 좋네요!

치료사 : 다시 일어서세요, 데이브 씨가. 발을 바닥에 대고 눈을 감고 내면에 있는 킴 씨를 찾아보세요. 킴 씨가 집에 도착했을 때 어떤 느낌이었는지부터 시작하세요.

데이브 : 지쳤지만, 집에 오니 행복하고, 우리를 만날 것이 기대됩니다. [킴이 고개를 끄덕인다] 그래서 나는 안으로 들어와, 데이브에게서 포옹을 받고, 코트를 걸어두려 옷장을 여니, 가슴이 철렁 내려앉습니다. 머릿속에서 "나는?"이라는 말이 들립니다. 신발들이 옷장 바닥에 뒤죽박죽 널려 있고, 심지어 옷걸이도 찾을 수가 없습니다. 피

곤한데, 집에 오자마자 모두의 뒤처리를 해야겠구나 하는 생각이 듭니다. 실망과 외로움이 느껴집니다.

치료사 : 아주 좋아요, 데이브 씨. 이제 눈을 뜨세요. 어땠나요?

데이브 : 슬퍼요. 그녀는 피곤한 채로 집에 오지만, 집에서 편히 쉬고 싶었어요. 그러자 그녀의 기대는 엉망이 되었어요.

치료사 : 좀 더 깊이 들어가도 괜찮겠어요? 다시 눈을 감고 그녀의 부분을 찾아보세요.

> 질문을 심화시키기

데이브 : [눈을 감고 몇 초 동안 조용히 있는다] 채워졌으면 하는 욕구가 느껴져요. 아마 압도당하고 통제되고 있지 않다는 어떤 감정 같아요. [눈을 뜨고 킴을 바라본다] 내가 제대로 하고 있는 건가?

킴 : 맞아 바로 그거야. 그때 그것을 감추기 위해 나의 짜증스러워하는 부분이 끼어들어.

데이브 : 그러자, 나의 짜증스러워하는 부분이 반응해요.

치료사 : 킴 씨, 지금 데이브 씨의 말을 들으니 어떤가요?

킴 : 아주 좋아요. 우리가 똑같이 느낀다는 것이 놀랍네요.

치료사 : 그리고 이러한 내면 대화가 당신들의 외부 대화를 촉진하므로, 서로 그것을 대변하는 것이 어떻겠어요? 그리고 정기적으로 서로의 입장이 되어보는 연습을 해보는 것은?

데이브 : 이 연습이 정말 좋은 것 같아요. 나 오늘 중요한 것 알게 되었어요. 기꺼이 집에서 해보겠습니다.

치료사 : 킴 씨의 입장에서 본다면, 당신 생각에 그녀가 가장 필요한 것은 무엇인가요?

데이브 : 이해받는 것이지요.

킴 : 그리고 당신이 어떤 일로 나를 찾을 때, 친절히 대해주는 것.

데이브 : 이해가 되네. 거기에는 내가 피해받고 있다는 느낌을 갖지 않는 것도 포함되겠지.

치료사 : 그렇습니다. 파트너가 반응적인 부분과 섞였을 때에도 열린 마음을 가질 수 있는 자세를 기르도록 하세요. 한 사람 또는 두 사람 모두 반응적일 때 근본적인 욕구를 대변하는 것이 어려울 수 있다는 것을 이해해요. 하지만 두 분이 내면의 딜레마에 대해 더 많이 이해하게 되면서, 파트너의 딜레마도 인지하게 되고, 그 모

든 반응성이 긍휼의 마음으로 바뀔 거예요. 오늘 마지막으로 한 마디만 할게요. 두 분의 보호자들 저변에 있는 취약성의 이야기가 들렸어요. 킴 씨, 당신의 한 부분은 이렇게 말하고 있어요, "나는?" 그리고 데이브 씨, 당신의 한 부분은 이렇게 말하고 있어요. "당신은 내가 보여?" 이것들은 중요한 부분들이에요. 그것들은 다음 번에 다루도록 하겠습니다.

개요를 제공하고, 향후 새로운 것을 탐구하도록 초대하기

이 예가 보여주듯이, IFIO의 기본 단계를 벗어난 실험들은 부부들과의 회기에 생동감을 가져온다. 이 경험적 연습은 다음과 같은 단계로 구성되어 있다. 문제 있는 상호작용을 재연하고, 두 파트너는 속도를 늦춰 유-턴을 하여 자신들의 부분들을 관찰하며, 그 장면을 다시 해보고, 마지막으로 역할을 바꿔 다시 해보는 것이다. 이를 통해 그들은 자신들의 내면 세계를 탐구하고, 안전하게 발견한 것에 대해 이야기하며, 새로운 행동을 시도할 수 있게 되었다. 재연과 역할 바꾸기는 자신들의 이해와 자기 수용(self-acceptance)을 쌓아가는 한편 대안에 대한 부부의 인식을 발달시킨다(Yaniv, 2018). 그 경험은 자발적인 복구로 이어질 수 있다. 또한 우리가 연습을 통해 얻는 정보는 미래 회기에 대한 방향을 제시해준다.

# 결론

이 책에서 보여주듯이, IFIO는 구체적인 목적을 가지고 있지만 시간 제한이 있는 것은 아니다. IFIO는 시작, 중간, 종료로 구성되어 있다. 맨 처음에 우리는 몇 가지 핵심 질문을 한다. 이 파트너들은 어떤 것을 바라고, 어떤 것을 두려워하며, 치료 목표는 어떤 것인가? 우리는 그들이 안전하게 분화되어 있다고 느껴 애착을 가질 수 있도록 돕는 것이 목표이기 때문에, 그들이 어떻게 동일성과 차이를 바라보는지 평가한다. 우리는 또한 그들이 안전하게 연결된 관계를 유지하면서 완전히 그들 자신이 되기 위해 도움을 받고 싶어하는지 물어본다.

IFIO 치료의 중간에서(그 길이는 우리가 예측할 수 없다) 우리는 부부가 두 가지 관계 영역, 즉 외부 영역과 내부 영역에서 분화되도록 돕는다. 먼저, 우리는 부부가 자신의 부분들을 알아차리도록 안내하면서 그들의 행동과 상호작용의 패턴을 평가한다. 그런 다음 우리는 분리하기 기술을 통해 그들이 부분들로부터, 그리고 서로에게서 분화되며, 특히 부분들의 입장에서가 아니라 부분들을 대변하고, 판단하거나 없어질까 봐 두려워하거나 통제하려고 애쓰지 않으면서 가슴으로부터 경청하도록 돕는다.

## 분리하기가 치료의 열쇠다

분리하기는 화자의 어조와 경청자의 듣는 방식을 바꾼다. 이는 파트너들이 보호적인 부분들에 대해 호기심을 가질 수 있는 공간을 만들어준다. 그들이 모든 보호 밑에는 추방자들이 있다는 것을 발견하게 되면서, 그들은 공감하고, 확인하며, 긍휼의 마음을 보내고, 어릴 적 상처를 목격하며, 관계의 짐 내려놓기를 위한 토대를 마련할 수 있다. 이 프로세스는 그들을 감사와 상호 존중의 자리에서 치료의 마지막 장애물인, 사과, 복구 및 (만약 가능하다면) 용서의 자리로 나아가게 해준다.

모든 부부들은 안전한 연결을 새롭게 하는 기술이 필요하다. 좋은 사과의 구성요소에는 위반자가 보호자들로부터 분리되어, 추방자들을 돌보며, 행해진 어떠한 손상에 대해서도 책임질 수 있다는 증거가 있어야 한다. 용서에 대해 능숙하게 논의할 수 있는 능력은 우리가 가르치는 모든 것, 특히 참자아에 대한 용이한 접근이 절대적으로 필요하며, 대부분의 부부들에서 제일 나중에 하게 된다. 우리는 그 논의에 들어가기 전에 부부와 세 가지 사항에 대해 함께 검토할 것을 제의하고 있다. 첫째, 용서가 미래를 결정짓지는 않는다. 부부는 용서하지만, 헤어지기로 결심할 수도 있다. 둘째, 용서는 과거를 없던 일로 하거나 지우는 것이 아니다. 오히려 상처받은 파트너가 자신의 취약성을 수용하고 자신의 보호자들이 자리에서 내려오도록 일방적인 결정을 내렸다는 신호이다. 셋째, 용서는 비통함을 활성화시킨다. 만약 보호자가 비통함과 우울감을 혼동하면, 애도의 중요성과 안전에 대해 확신을 가질 필요가 있다.

우리의 부분들이 사랑받는다고 느낄 때, 우리의 가슴은 다른 사람들에게 열린다. 그러나 그들이 분리되지 않을 경우, 우리의 사랑을 느끼지 못한다. 마찬가지로, 파트너들이 사랑을 주고받기 위해서는 반드시 분화되어야 한다. 우리는 각 파트너가 유-턴을 하여 부분들로부터 분리되도록 도와줌으로써 부부가 분화되고 다시 연결되도록 돕는다. IFIO는 심리치료의 분화 모델이다. 우리는 파트너들이 섬이 되어 자신들의 모든 욕구를 충족시키라거나, 어떤 부분들이 두려워하는 것처럼, 금욕적이고 혼자 있으라고 요구하는 것이 아니다. 오히려 우리는 부부의 부분들이 그들의 참자아와 더 잘 연결되면서, 함께 하고 싶은 부부의 욕구와 서로의 정서적 욕구를 충족시키는 그들의 능력이 강해지게 된다는 것을 알고 있다.

우리의 임무는 내담자들이 무언가 새로운 것을 할 수 있도록 돕는 것이다. 우리는 부부들이 분리된 동시에 연결되어 있으며, 서로 다르지만 수용할 만하며, 지지적인 동시에 자립적이며, 독특하지만 함께 하는 것을 경험하기 원한다. 우리는 그들에게 그들의 분노, 욕망, 비통함, 사랑을 대변할 기회를 제공한다. 우리는 그들이 사과하고 용서를 구해보라고 초대한다. 우리는 그들이 자신들 문제의 최고 해결사가 될 수 있도록 돕는다. IFIO 치료에서 부부들은 자신의 부분들을 돌보는 것과 배우자를 돌보는 것 사이에 모순이 없다, 즉 나와 당신 사이에는 항상 공간이 있다는 것을 알게 된다. IFIO는 사랑으로 가는 한 가지 경로만을 특정하지 않으며, 기간을 규정하지도 않는다. 부부가 서로에게 만족감을 주는 것이 어떤 것이든지 찾아내도록 하는 것이 우리가 그들에게 원하는 것이다. 하지만 IFIO는 치료사들에게 부부들을 그들의 목표로 안내하는 효과적

인 도구들을 제공한다. 여기에는 관계 역동을 추적하기, 분리시키기 및 많은 경로를 이용하여 유
-턴하기가 포함된다. 우리 모두는 개성화, 안전, 우리 자신의 완전한 표현, 연결 상태의 유지 및
사랑받기의 욕구 같은 핵심 욕구를 가지고 있다. 끊어진 다리를 재건하고 연결로 되돌아가는 길
을 찾음으로써 친밀한 파트너들이 오래된 상처를 치유하고 열린 가슴으로 사랑을 따뜻하게 맞이
할 수 있게 된다.

# 참고문헌

Anderson, F. G., Sweezy, M., & Schwartz, R. D. (2017). *Internal family systems skills training manual: Trauma-informed treatment for anxiety, depression, PTSD & substance abuse*. Eau Claire, WI: PESI Publishing & Media.

Badenoch, B. (2008). *Being a brain-wise therapist: A practical guide to interpersonal neurobiology*. New York: Norton.

Barstow, C. (2005). *Right use of power: The heart of ethics*. Boulder, CO: Many Realms Publishing.

Cozolino, L. J. (2006). *The neuroscience of human relationships: Attachment and the developing social brain*. New York: W. W. Norton.

Cozolino, L. J. (2008, September/October). It's a jungle in there. *Psychotherapy Networker, 32*(4), 20-27.

Dana, D. (2018). *The polyvagal theory in therapy: Engaging the rhythm of regulation*. New York: W. W. Norton.

Fruzzetti, A. E., & Worrall, J. M. (2010). Accurate expression and validating responses: A transactional model for understanding individual and relationship distress. In K. T. Sullivan & J. Davila (Eds.), *Support processes in intimate relationships* (pp. 121-150). New York: Oxford University Press.

Geib, P. (2016). Expanded unburdenings: Relaxing managers and releasing creativity. In M. Sweezy & E. L. Ziskind (Eds.), *Innovations and elaborations in internal family systems therapy* (pp. 148-163). New York: Routledge.

Hendrix, H. (1988). *Getting the love you want*. New York: Henry Holt and Company.

Herbine-Blank, T., Kerpelman, D. M., & Sweezy, M. (2016). *Intimacy from the inside out: Courage and compassion in couple therapy*. New York: Routledge.

Katie, B. (n.d.). *The work of Byron Katie*. Retrieved from https://thework.com.

Krause, P. K. (2013). IFS with children and adolescents. In M. Sweezy & E. L. Ziskind (Eds.), *Internal family systems therapy: New dimensions* (pp. 35-54). New York: Routledge.

Lewis, H. B. (1974). *Shame and guilt in neurosis*. New York: International Universities Press.

Minuchin, S., & Fishman, H. C. (1981). *Family therapy techniques*. Cambridge, MA: Harvard University Press.

Porges, S. W. (2007). The polyvagal perspective. *Biological Psychology, 74*(2), 116–143.

Roubal, J. (2009). Experiment: A creative phenomenon of the field. *Gestalt Review, 13*(3), 263–276.

Schore, J. R., & Schore, A. N. (2007). Modern attachment theory: The central role of affect regulation in development and treatment. *Clinical Social Work Journal, 36*(1), 9–20.

Schwartz, R. C., & Sweezy, M. (2019). *Internal family systems therapy* (2nd ed.). New York: Guilford Press.

Siegel, D. J. (1999). *The developing mind: Toward a neurobiology of interpersonal experience*. New York: Guilford Press.

Siegel, D. J. (2003). An interpersonal neurobiology of psychotherapy: The developing mind and the resolution of trauma. In M. Solomon & D. J. Siegel (Eds.), *Healing trauma: Attachment, mind, body, and brain* (pp. 1–56). New York: W. W. Norton.

Siegel, D. J. (2007). *The mindful brain: Reflection and attunement in the cultivation of well-being*. New York: W. W. Norton.

Spring, J. A. (2004). *How can I forgive you? The courage to forgive, the freedom not to*. New York: HarperCollins.

Yaniv, D. (2018). Trust the process: A new scientific outlook on psychodramatic spontaneity training. *Frontiers in Psychology, 9*, Article 2083.

# 찾아보기

# 역자 소개

## 이진선

미국 럿거스대학교 유전학(박사)
미국 예일대학교 의과대학 분자의학(박사후 연구원)
백석대학교 기독신학대학원 목회학(석사)
현 삼성서울병원 미래의학연구원
    MBTI 전문강사, 교류분석 전문상담사
    내면시스템치료 슈퍼바이저
    크리스천 내면시스템치료 슈퍼바이저
    국제내면시스템치료연구소 한국공식훈련자 자격증
    한국내면시스템상담협회 대표
    한국가정회복연구소 공동대표

## 이혜옥

성산효대학원대학교 가족상담학(박사)
현 성산효대학원대학교 겸임교수
    (재)자살방지한국협회 성남3지부장
    사회복지사, EAP 상담사
    미술치료사, TA 상담사, 가족치료사
    한국상담심리학회, 한국상담학회 정회원
    한국기독교상담학회 정회원
    내면시스템치료 슈퍼바이저
    크리스천 내면시스템치료 슈퍼바이저
    국제내면시스템치료연구소 한국공식훈련자 자격증
    한국내면시스템상담협회 회장
    한국가정회복연구소 공동대표

## 토니 허바인-블랭크, MSN, RN

IFS-인스티튜트의 수석 훈련자이며, IFIO 훈련프로그램의 단독 개발자이다. 부부치료 훈련 프로그램, 수련회 및 워크숍을 국내외에서 운영 중이다. *Intimacy from the Inside Out: Courage and Compassion in Couple Therapy*를 공동 저술하였다. 가족들과 콜로라도 두랑고에 거주 중이다. www.toniherbineblank.com

## 마사 스위지, PhD

하버드 의과대학 조교수이며, 케임브리지 헬스 얼라이언스의 프로그램 컨설턴트이자 슈퍼바이저이다. 케임브리지 헬스 얼라이언스 변증법적 행동치료(DBT) 프로그램의 훈련 책임자이며 부소장을 역임하였다. *Internal Family Systems Therapy, The IFS Skills Training Manual: Trauma-Informed Treatment for Anxiety, Depression, PTSD & Substance Abuse, Intimacy from the Inside Out: Courage and Compassion in Couple Therapy*를 공동 저술하였으며, *Innovations and Elaborations in Internal Family Systems Therapy*와 *Internal Family Systems Therapy: New Dimensions*의 일부를 저술하였고, 동시에 공동 편집장을 역임하였다. *Journal of Psychotherapy Integration*과 *American Journal of Psychotherapy*에 IFS에 관한 많은 논문을 발표하였다. 미국 매사추세츠 노샘프턴에서 치료와 슈퍼비전을 하고 있다.